공교육에서 실천한
미래교육 이야기

대한민국 **1**호
미래학교

공교육에서 실천한
미래교육 이야기
대한민국 1호
미래학교

1판 1쇄 발행 2020년 6월 30일
1판 2쇄 발행 2021년 5월 10일

지은이 창덕여중 공동체

발행인 송진아
편 집 정지현
디자인 권빛나
제 작 제이오
펴낸 곳 푸른칠판
등 록 2018년 10월 10일(제2018-000038호)
팩 스 02-6455-5927
이메일 greenboard1@daum.net

ISBN 979-11-965375-8-6 03370

이 도서의 국립중앙도서관 출판예정도서목록(CIP)은 서지정보유통지원시스템 홈페이지(http://seoji.nl.go.kr)와 국가자료공동목록시스템(http://www.nl.go/kr/kolisnet)에서 이용하실 수 있습니다.

공교육에서 실천한
미래교육 이야기

대한민국 1호 미래학교

창덕여중 공동체 지음

푸른칠판

우리 사회는 그 어느 때보다 역동적인 변화가 일어나고 있습니다. 이른바 4차 산업혁명이나 인공지능 시대로 표현되는 미래사회를 위한 공교육 혁신에 대한 요구가 코로나19 사태로 인해 교육의 양상이 급변하면서 더욱 현실화되고 있습니다. 원격교육의 적극적 도입이 교육 방법적인 측면에서 혁신의 한 축으로 부상하였다면, 교육 내용적인 측면에서 무엇을 가르칠 것인가, 어떤 시민을 길러 낼 것인가는 미래교육에 있어 더 중요한 혁신의 가치입니다.

미래사회를 규정하는 불확실성과 복잡성 속에서 이러한 혁신의 가치를 구현하는 장(場)으로서 학교의 역할은 그 어느 때보다 중요해지고 있습니다. 학교는 이제 오프라인과 온라인을 연결하고, 배움과 삶을 잇는 공간으로 거듭나야 합니다. 학습활동은 교실 안에 머무르며 지식을 배우는 것이 아니라, 풍부한 삶의 지혜를 탐구하는 방향으로 나아가야 합니다. 이러한 학교의 역할과 새로운 학교 문화 속에서 학교는 교육의 본질을 회복하고, 온전히 그 본질을 실현해야 합니다. 이러한 과정을 통해 우리는 평균적인 인간이 아니라, 변화에 유연하게 대처하며 공동체적 인성을 지닌 진정한 창의적 민주시민을 길러낼 수 있을 것입니다.

미래사회를 위한 공교육 본질 회복의 지향점은 바로 창덕여중이 미래학교로서 그동안 준비하고 실천한 지점과 맞닿아 있습니다. 수많은 사람들이 학교 밖에서 미래학교의 필요성, 미래교육의 방향성을 주장할 때, 창덕여중의 구성원은 공교육 안에서 수많은 경계에 부딪혀 가며 미래교육에 도전하고 실천했습니다. 창덕여중은 서울시교육청이 꿈꾸는 혁신미래교육의 구체적인 상(像)이자, 미래를 살아갈 힘을 키우는 학교의 모습이기도 합니다.

코로나19 이후의 학교교육 변화에 대한 관심이 더욱 높아진 지금, 창덕여중 공동체가 펴낸 이 책은 교육자들에게 단비와도 같은 선물입니다. 학교의 총체적인 변화가 필요한 상황에서 창덕여중의 지난 5년간의 여정(旅程)은 미래학교의 실체(實體)로서 수많은 학교에 도전할 수 있는 용기와 시사점을 줄 것입니다. 2015년부터 수많은 경계에 부딪히며 미래학교를 만들어 온 창덕여중 공동체에게 감사의 인사를 전합니다. 그리고 이 책을 통해 학교의 변화를 꿈꾸는 독자들이 담대한 도전을 시작할 수 있기를 응원합니다.

서울특별시교육감 조희연

제1장

미래를
만들어 가는
행복한 학교

모두가 꿈꾸는
미래학교

최근 미래학교 혹은 미래교육에 대한 논의가 활발하다. 사실 미래학교에 대한 관심은 더 이상 어제오늘의 이야기, 특정 대상에 대한 이야기가 아니다. 아마도 과학기술로 인한 사회적 변화에 대한 우려와 기대가 주된 이유일 것이다. 특히 전 세계를 위협한 코로나19로 인해 많은 사회 구성원이 새로운 교육 체제를 경험하게 되었고, 미래교육과 미래학교에 대한 관심은 더욱 높아지고 있다.

미래학교는 미래사회의 주인공이 될 학생들이 창의성을 함양하고, 개별 구성원의 다양성을 존중하며, 공동체 구성원과 더불어 사는 인성을 갖추도록 하는 교육적 사명을 안고 있다. 그러나 사회 변화로 인해 달라질 교육의 모습에 대한 기대가 큰 만큼, 우리의 학교교육이 변화하는 사회에 대응할 수 있는 학생들의 역량을 어떻게 갖추게 할 것인가에 대한 고민 또한 상존하고 있다.

최근 교육부는 미래학교 기반 마련, 학교 공간 혁신 등의 미래교육 정책을 대대적으로 지원하고 있다. 각 시·도 교육청도 미래교육위원회를 신설하고, 학술 단체의 미래교육 관련 포럼도 늘고 있다.

각 시·도 교육청에서도 자체적으로 미래학교를 지정하여 운영할 계획이다. 특히 서울특별시교육청의 경우 2015년부터 서울미래학교[1]를 지정하여 운영하였으며, 2019년부터는 '혁신미래학교'로 확대하고 있다. 이것은 테크놀로지 통합 교육 환경을 바탕으로 창의적인 민주시민을 양성하는 새로운 학교 모델이다.

이러한 흐름에서 창덕여중은 미래학교의 선두 주자로서 해마다 국내외 수많은 교육자들이 학교를 방문하고 있다. 창덕여중을 방문한 교육자들은 공교육이 직면한 현실에서 의미 있는 교육활동을 하기 위해 노력해 온 과정을 궁금해 했다. 무엇보다 공립학교가 마주하는 제도적 범위 안에서 교육과정·학교 문화·학습 환경의 불일치를 극복하고, 미래교육적 생태계를 구축해 온 시간과 과정에 대한 관심이 뜨거웠다.

학교마다 처한 환경이 다르기 때문에 한 학교의 혁신 내용이 동일

---

1 서울미래학교(창덕여중)는 2014년 지정되어 ICT 기반 교육활동, 교육과정·수업·평가의 일체화, 미래학습 체제에 부합하는 학교 환경 구축 등 미래교육의 선도적 모델을 제시하고 있다.

하게 전파되는 것은 불가능하다. 초기 단계에서 창덕여중의 변화가 의미 있었던 것은 개인의 노력이 아닌 다양성을 지닌 다수가 협력하고 참여한 결과이기 때문이다. 즉, 학교 생태계의 전체적인 변화가 동시다발적으로 일어난 결과이기도 하다. 교육과정 및 수업 혁신의 밑바탕에는 학교 차원의 혁신이 자리 잡았고, 학교 차원의 혁신 안에는 교과뿐만 아니라 다양한 요소의 시너지 효과가 나타나고 있다.

이제 5년이란 시간을 보낸 상황에서 명확하게 성과와 확산할 내용을 정리하기는 어렵다. 다만, 현재 수준에서 창덕여중이 생각하는 확산은 혁신의 내용(콘텐츠)을 그대로 이식하는 것이 아니라, 단위학교 혁신의 과정에 대한 이해를 통해 혁신의 네트워크 안에서 미래학교로의 변화를 응원하는 것이다.

창덕여중의 시스템 또한 아직 여물지 않았지만, 학생과 학부모, 교육 관계자 그리고 교육의 변화를 갈망하는 많은 분들의 관심과 기대는 미래학교로서의 사명감과 책임감을 더욱 분명하게 인식케 한다. 내부적으론 소통과 공유를 강화하면서, 외부적으로는 혁신을 확산하고 미래학교로서의 경계를 확장하려는 노력이 필요할 것이다.

이 책이 미래교육에 대해 고민하는 누군가에게는 시행착오를 줄여 주고, 보다 깊이 있는 고민을 함께 나눌 수 있는 기회를 제공하기를 바란다. 또 미래학교가 무엇인지 궁금한 이에게는 그 궁금증을 풀어 줄 수 있는 기회가 되기를 바란다.

2

미래학교
5년간의 여정

〈 〈《《《《

5년이 넘는 미래학교 여정을 한 권의 책으로 이야기하는 것은 쉽
지 않다. 미래학교 여정의 하나하나가 의미 있는 일들이었으며, 한 사
람, 한 사람의 이야기가 지금의 미래학교를 만들었기 때문이다. 실제
창덕여중에서 매년 발간하는 「미래학교 보고서」는 그러한 이야기를
담고 있다. 그 이야기 속에는 각 시기별로 가장 고민하던 것들이 녹
아 있다. 그리고 나름의 성과와 한계들을 드러내고 있다. 이 책은 창
덕여중의 「미래학교 보고서」에 기록되어 있는 '들어가기'들을 들여
다보며 시작해 본다.

2015년 : 미래학교의 시작

창덕여중은 수도 서울의 행정·외교·문화의 중심이자 대한민국
근현대사를 고스란히 보여 주는 곳, 오래된 전통과 역사가 깃든 정동
길에 자리 잡고 있다. 정동길은 우리나라의 개화기에 외교(外交) 타
운이자 선교(宣教) 타운으로서 신지식인들이 새로운 세상을 꿈꾸었
던 대표적인 공간이다. 백여 년 전 우리의 선조들은 변화하는 세상에
주목했고, 정동길 어딘가에서 변화해야 할 세상에 대해 토론하고, 주
장하고, 교육했다. 백여 년이 지난 지금, 미래학교인 창덕여중은 오래
된 정동길의 역사와 조우(遭遇)한다.

창덕여중의 역사는 1940년대로 거슬러 올라가지만 현재의 위치에
자리 잡은 것은 1973년이다. 그래서 창덕여중에서는 전통만큼이나
오래되고 낡은 과거의 모습부터 새롭게 정비된 현재의 모습까지 다
양한 모습을 한눈에 볼 수 있다. 또 서울이라는 대도시 학교 중에서
도 총 12학급의 소규모 학교라서 구성원 간 비교적 친근한 관계가 형
성되어 있었다. 그렇게 나름의 문화와 질서를 지니고 있던 창덕여중
은 2014년 여름에 미래창조과학부, 교육부, 서울특별시교육청이 지
원하는 '미래학교'로 지정되어 대한민국의 공교육이 나아갈 방향과
청사진을 주문받았다.

미래학교로 지정된 이후 첫 번째 행보는 구성원의 의견 수렴이었
다. 2014년 가을부터 약 일 년간 총 300회의 의견 수렴과 조정이 있

었다. 2014년 가을에는 미래학교준비위원회를 구성하였는데, 여기에는 서울특별시교육청 장학사 및 주무관, 건축사사무소, 미래학교 TF팀 대표교사(외부), 교장, 교감, 수석교사, 행정실장, 교사 대표 20명, 학생 대표 3명, 학부모 대표 2명이 포함되었다. 이들은 2015년 2월까지 시설분과, 교육과정분과, 운영체제분과, 홍보기록분과에서 미래학교를 준비하는 핵심 동력으로서 활동했다.

이 기간 동안 학교 전체 구성원의 의견을 묻고 정리하는 과정을 반복하며 얻은 미래학교의 원칙이 있었다. 구성원의 의견 속에 길이 있고, 문제점이 답을 갖고 있다는 것이었다. 일반적으로 과거의 학교에서는 학생·학부모·교사는 수동적인 위치에 서 있는 경우가 많았다. 그러나 미래학교 준비 과정에서는 그들의 꿈을 이야기하고, 그들의 이야기가 미래학교 모습에 반영되도록 했다. 물론 구성원이 상상하는 모습이 다를 경우 논쟁이 있기도 했으나, 우리는 '자신이 학교의 주인'이라는 중요한 원칙을 내면화해 갔다.

출발선상에서 "서울미래학교는 우수한 교육 역량과 뛰어난 IT 기술을 융합해서 학생이 적극적으로 수업에 참여할 수 있도록 하여 지식 중심이 아닌 미래사회가 요구하는 핵심역량을 가진 인재 양성을 목적"으로 하였다. 이때 '미래 인재'는 함께 배우고 나누며, 함께 성장의 기쁨을 누리는 세계시민을 의미했다. 이를 위해 창덕여중은 현재의 학교 상황에 적합하고, 일반 학교에도 적용이 가능한 구체적인 교육 패러다임을 설정했다.

교사의 가르침 중심에서 학생의 배움 중심으로

지식을 넣어 주는 교육에서 생각을 끌어내는 교육으로

인지적 역량 강화에서 사회적·정서적·심미적·신체적 역량 강화로

경쟁 교육에서 협력·네트워크 교육으로

교과 분절적인 교육에서 삶을 배우는 실질적인 통합적 교육으로

교육지표도 행복한 미래를 준비하는 창덕, 즉 미래의 행복을 위해 현재를 참고 견디는 것이 아니라, 현재가 행복해야 미래도 행복하다는 생각에 근거하여 '미래를 준비하는 행복한 창덕'으로 설정했다.

2014년 2학기부터 2015년까지는 창덕여중이 미래학교로서 발돋움하는 뼈대를 형성한 시기였다. 교육과정에서는 블록타임제(2시간 연속) 수업, 주제 중심 통합수업(코티칭), 학기당 1회의 정기고사, 수요 창의미술·뮤지컬 수업이 실시되었다. 그리고 학교 내부 환경을 단계적으로 개선하는 방향을 설정하고, 우선 소극장·스튜디오·학생 중심 공용 공간 등의 미래형 공간을 구축했다. 정보화 환경을 마련하고, 학생용 디바이스를 단계적으로 도입했다. 그리고 교원 역량을 강화하기 위한 노력을 지속했다.

물론 기존에 있던 것들을 재구성하고, 새로운 것들을 도입하는 과정에서 어려움과 갈등도 많았다. 학교 단위로는 처음 실시하는 것들이 많았기에 모든 것이 도전 과제가 되기도 했다. 아마도 2015년까지는 오늘날의 창덕여중을 위해 초석을 다진 시기로 평가될 것이다.

2016년 : 미래학교의 도약

미래학교 여정 중 2년 차의 실천이 갖는 의미들을 몇 가지로 정리
하자면, 우선 2016년은 물리적 공간을 어느 정도 완성한 한 해였다.
학생들에게는 편안한 공간, 교사에게는 소통할 수 있는 공간 등 최고
의 학습 효과를 기대할 수 있는 다양한 공간이 마련되었다. 학생들은
소극장의 다양한 기기를 다루며 실제와 유사한 무대 연출을 경험하고
있으며, 소음이 새어 나가지 않는 스튜디오에서는 각종 악기를 마음
껏 연주할 수 있게 되었다. 테크센터에서 태블릿PC를 대여하여 수업
하는 교사와 어려움 없이 기기를 활용하는 학생들의 모습을 일상적
으로 관찰할 수 있었다. 공간의 변화는 학교의 안전, 지역적·문화적
특수성, 학생의 학습권 보장 등을 고려하여 꼭 필요한 과정이었으나,
구축 과정에서는 모든 구성원이 여러 가지 불편함을 감수해야 했다.

다음의 성과는 민주적 참여 시스템을 시도한 것이었다. 미래학교
를 만들어 가는 것은 결국 사람이었다. 미래학교는 공동체의 힘을 통
해 유지·발전할 수 있기 때문에, 미래학교 논의에서 구성원의 참여
문화는 무엇보다 중요했다. 창덕여중은 모든 논의 과정에 구성원이
참여할 수 있도록 회의를 개방하였으며, 그 과정과 결과를 공유했다.
교직원뿐만 아니라 학생들 역시 교내외 문제 해결, 예산 편성 등에
참여할 수 있었다. 이러한 참여가 구성원 간의 소통, 수평적인 관계에
서의 자기 인식, 실제적인 문제 해결로 이어졌다. 그러나 새로운 문

화와 기존 문화의 충돌을 지혜롭게 극복하고, 서로 다른 생각을 가진 구성원의 공감과 합의를 이끌어 내는 것, 효율성을 우선시하는 문화 안에서 느리지만 참여하는 문화를 안정적으로 정착시키는 것은 여전히 어려운 과제였다.

다양한 융합적·협력적 교육활동이 늘어난 것도 2016년에 얻은 성과였다. 학생과 학생의 융합, 교사와 교사의 융합, 교사와 지역사회 전문가의 융합은 사람과 사람, 사람과 자원을 융합하려는 폭넓은 시도를 불러왔다. 학생들 간의 협력은 교육과정 안팎에서 이미 중요한 가치로 자리 잡았고, 그런 모습이 수시로 관찰되고 있었다. 교사들은 온오프라인에서 수업을 공개하며 수시로 피드백을 주고받았다. 또한 문화·예술 전문가, 생태 전문가, 해외 교육자와 교육활동 구성을 위해 협력함으로써 학습의 폭과 깊이를 더해 가고 있다.

누구나 꿈꾸는 미래학교는 과학기술적 측면은 물론이고, 안전하고 즐거운 학교, 민주적인 학교, 생태 지향적인 학교, 지역사회와 연결되는 학교 등으로 다양하게 그릴 수 있다. 다양한 가치가 혼재하는 미래학교 논의에서, 우리가 구체적으로 어떠한 모습을 만들어 갈 것인지, 어떻게 비전을 공유해 갈 것인지에 대한 고민은 계속되었다. 그럼에도 불구하고 구성원에게 실패를 허용하는 학교, 결과가 아닌 과정을 소중하게 생각하는 학교, 서로의 다양성을 인정하는 학교는 2016년 창덕여중의 가장 특징적인 모습이었다.

2017년 : 미래학교의 적정 테크놀로지

'미래학교'라고 하면 '스마트학교'와 동일한 것으로 생각하는 사람들이 많았다. 창덕여중은 2015년부터 정보화 환경을 구축해 왔다. 무선 인터넷은 학교의 어느 곳에서나 사용 가능하고, 학생들은 개인용 태블릿PC를 사용해서 수업을 받고 있다. 창덕여중이 테크놀로지를 많이 활용하고, 테크놀로지에 관심 있는 교사들이 많은 것은 사실이다. 하지만 미래학교는 스마트학교에서 한발 더 나아간다. 테크놀로지를 활용하되 무조건 하지 않는다. 왜 하는지, 어떻게 하는 것이 올바른지를 지속적으로 성찰하고, 가장 필요한 때 가장 필요한 방식으로 활용하려고 노력한다.

테크놀로지는 수업뿐만 아니라 교사 업무에도 적극 활용하고 있다. 교사 업무에 테크놀로지를 활용하는 이유가 단지 그것이 편리하기 때문은 아니다. 테크놀로지를 통하여 행정업무를 줄이고, 이렇게 줄인 시간을 교사 간 소통과 협업에 투입하고 싶은 열망이 있었기 때문이다.

창덕여중 중앙현관에 들어오면 2개의 벽을 만나게 된다. 오른쪽은 9개의 대형 모니터로 구성된 '디지털' 벽이다. 왼편은 레고로 만든 세계지도가 있는 '아날로그' 벽이다. 2개의 벽이 서로 마주 보고 있음으로써, '디지털과 아날로그는 서로 대체되는 개념이 아니라 서로 보완적인 것'이라는 사실을 상징적으로 나타내고 있다. 이 모니터 벽과 레고 벽을 따라가면 디지털과 아날로그가 조화된 공간을 계속 만나게 된다. 디지털 영상과 실물이 조화롭게 배치된 역사 공간, 창덕 테크놀로지의 심장부 테크센터와 아날로그의 저장고 도서실을 순서대로 만나게 된다. 이곳들은 디지털과 아날로그의 조화라는 미래학교의 지향점을 잊지 않도록 매일 우리를 일깨우는 장치이다.

창덕여중은 앞으로도 계속 디지털과 아날로그의 조화를 고민할 것이다. 그러기 위해서 창덕여중의 구성원은 인간 본질에 대한 이해, 미래사회에 대한 이해를 높이려는 노력을 하고 있다.

한편 2017년 가장 특징적인 변화 중 하나는 전체 구성원의 의견을 수렴하고 종합하여 비전과 핵심 가치, 구성원상을 도출한 것이다. 미래학교가 무엇을 해야 하는가에 대한 답을 구하고, 구성원의 마음을 하나로 모으기 위해 창덕여중 구성원은 약 일 년 동안 자발적으로 비전을 도출해 갔다. 그 결과 '미래를 준비하는 행복한 학교'라는 비전은 조금 더 적극적인 의미를 담아 '미래를 만들어 가는 행복한 학교'로 바뀌었다. 창덕여중은 수많은 문화적·제도적 경계에 먼저 직면해 보고, 그 경계를 확장하는 학교로서의 정체성을 분명히 한 것이다. 자발적으로 시작한 비전 도출은 자연스럽게 구성원에게 공유되었고, 다시 자발적으로 활용되고 있다.

2018년 : 연구하고 협력하는 미래학교

2018년은 서울미래학교의 교육과정이 안정기로 접어든 해였다. 미래교육에 부응하는 교육과정을 구성하기 위하여 2015년부터 지속적으로 수업을 분석하고, 새로운 수업 설계 원칙을 세우는 등 교사들은 수업 모델별로 구체적인 활동을 구상했다. 블록타임 수업, 과정중심평가 확대, 융합수업, 문예체 활동, 학생 주도형 동아리 활동들이 교육과정에서 안정적으로 자리 잡았다.

특히 2018년에는 수업과 평가가 분리되지 않고, 학생의 성장을 돕는 과정중심평가에 대한 논의가 활발했다. 또한 지속가능성을 높이며 교육과정을 운영하기 위한 실질적인 교육과정위원회와 교과협의회의 활동도 내실화되었다.

현재 창덕여중의 학생들은 서울의 그 어느 학교보다도 행복한 학교 생활을 하고 있다고 감히 말할 수 있다. 이를 가능케 하는 것은 학교 시스템 못지않은 창덕여중 교사들의 열정이다. 배움이 일어나는 학생 참여 수업, 정식 교과목으로 승인받아 운영하는 짝토론, 체계적인 융합교육, 민주적 효능감을 키우는 학생 문화를 창출해 낸 성과의 밑바탕에는 서울에서 가장 많은 희망교실을 운영하고, 저녁 늦게까지 토크콘서트로 서로의 문제를 꺼내 놓고 토론하며, 해마다 10과정 이상의 특수분야 직무연수를 직접 운영하고, ART 프로젝트(52쪽 참조)를 통해 자발적 연구에 참여하는 창덕여중 교사들의 열정 어린 도전과 헌신이 있었다.

문제는 그러한 도전이 우리의 몫이지만, 그 도전의 결과적 손익은 학생들의 것이라는 점이다. 창덕여중 교사들의 시대를 앞서가는 순수한 열정이 여전히 기-승-전-대입으로 귀결되는 외면할 수 없는 현실 속에서 창덕여중을 졸업한 이후 학생들을 당황스럽게 하는 것은 아닌지 끊임없이 고민하고 있다.

2019년 : 미래학교의 미래를 위한 고민

많은 구성원이 2019년을 내실화의 시기였다고 평가했다. 4년 동안의 프런티어 시대가 어느 정도 마무리되면서 상대적으로는 안정적으로 교육활동을 할 수 있었다는 의미로 해석된다. 그러나 한편으로는 미래학교의 역할에 대해서는 고민이 더 깊어진 시기였다고도 할 수 있다.

미래학교는 늘 새로운 무언가를 보여 줘야 하는 학교일까?
그동안 우리는 잘해 온 것일까?
제대로 된 평가 없이 그대로 가도 되는 것일까?

미래교육에 대한 관심은 늘 있어 왔지만, 2019년에는 유난히 미래교육과 공간 혁신이 화두였다. 교육부는 공간 혁신을 화두로 각 학교의 공간을 미래교육을 위한 공간으로 바꾸는 정책을 대대적으로 지원했고, 각 시·도 교육청에 미래교육위원회가 신설되고, 학술단체의 미래교육 관련 포럼도 유난히 많았다. 더불어 창덕여중이 미래교육과 공간 혁신의 선두 주자로 인식되어 미래학교 시작 이래 가장 많은 외부 손님들을 맞이했다. 교육은 당연히 늘 미래를 지향하고 나아가야 함에도 왜 이 시기에 미래교육이 더 뜨거운 화두가 된 것일까? 아마도 '아직'은 좀 시간이 있다고 보았던 사회적 변화가 '이미' 다가온 듯한 두려움으로 체감되기 시작한 것은 아닐까?

미래를 만들어 가는 행복한 학교

누구나 바라던 미래학교는 꿈으로만 존재하는가? 모두가 꿈을 말하고 있을 때 창덕여중은 시행착오를 겪어 가며 우리가 꿈꾸었던 교육의 모습을 구체화하고 있다. 이제는 꿈과 희망만을 이야기할 것이 아니라, 소소한 변화의 실체들을 이야기할 때이다. 그동안 창덕여중은 학교 혁신을 교육과정, 학교 문화, 학습 환경의 영역으로 구분하고, 총체적인 변화를 시도해 왔다. 이 책은 2014년 말부터 2019년까지 창덕여중 구성원이 시도했던 사실에 대한 기록이자 성찰을 담고 있다.

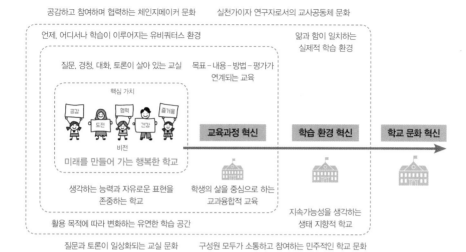

창덕여중의 학교 혁신 구조

2장에서는 창덕여중의 학교 문화를 다뤘다. 학교 문화의 유형은 다양하겠지만, 이 책에서는 주로 교원 문화를 다뤘다. 이 책을 쓰는 사람들이 가장 잘 알고 있는 이야기이면서, 이 책을 읽는 독자들이 가장 공감하고 실천해 볼 수 있는 이야기이기 때문이다. 소박한 이야기일 수 있으나 독자들은 미래학교로서의 창덕여중의 동력이 어디에 있는지를 탐색해 볼 수 있는 기회가 될 것이다.

3장에서는 창덕여중의 교육과정, 특히 수업과 평가를 다뤘다. 이 책에 소개된 수업과 평가 이야기는 교사들의 진지한 고민과 실천 과정, 그리고 소박한 성과와 한계를 담고 있다. 물론 소개된 이야기는 창덕여중 수업의 일부이다. 하지만 이 이야기들은 미래학교 혹은 미래교육적 실천을 준비하는 교육자들에게 나름의 시사점을 줄 것이라고 판단된다.

4장에서는 창덕여중의 학습 환경을 다뤘다. 학습 환경은 정보화 환경, 공간 환경으로 구분했다. 창덕여중은 학습 환경을 단순히 물리적 대상으로 바라보지 않고, 제3의 선생님으로 바라봤다. 학습 환경과 함께 협력적으로 교육활동을 한다고 생각한 것이다. 공간과 테크놀로지에 관심이 높아지고 있는 지금, 무엇을 준비해야 하는지를 엿볼 수 있도록 구체적인 이야기들을 담았다.

각 장의 마무리에는 학생과 학부모, 전·현직 교장, 교사들이 함께한 구성원 간의 대담을 넣었다. 각 장의 이야기와 관련한 이슈, 자주 받는 질문을 중심으로 대담이 진행되었다. 미래학교를 꿈꾸는 독자들도 대담에 함께 참여하여 각각의 질문에 답해 보길 권한다.

제2장

학교 문화

미래학교
비전 세우기

스스로 비전을 묻다

'우리가 꿈꾸고 실현코자 하는 미래학교는 과연 무엇을 향해 나아가는 것일까?'

'미래학교에서 학생들은 어떤 능력을 키울 수 있을까?'

'모든 학교 구성원이 미래학교에 대해 같은 방향성을 갖고 있을까?'

'미래학교를 만들어 가기 위해 각자의 위치에서 최선을 다하고 있지만,

진짜 우리가 원하는 것은 무엇인가?'

위 질문은 미래학교 사업이 시작된 2015년 이후 끊임없이 제기되었던 것들이다. 이러한 질문들이 때로는 논쟁을 유발하고, 학교 구성

원 간의 갈등에 직간접적으로 영향을 미치기도 했다.

많은 연구에서 학교공동체가 학교 혁신의 주체로 기능하기 위해서는 목표나 가치, 즉 비전을 공유해야 한다고 말한다. 비전은 학교 구성원에게 동기를 부여하고, 학교의 계획과 목표를 설정하는 기본 토대가 되기 때문이다. 또 비전은 공동체가 도달하고자 하는 궁극적인 목표와 실제 현실 간의 차이를 줄이기 위한 전략과 행동을 유발한다. 그래서 학교공동체의 혁신 과정에서 구성원이 비전을 공유하지 못한다면 공동체의 응집된 힘을 발휘하기 어렵다.

대부분의 학교는 이미 비전을 갖고 있다. 그러나 그것이 누구의 비전인가? 구성원에게 공유되어 있는가? 비전에 근거하여 교육활동이 이루어지고 있는가? 이러한 질문에는 선뜻 답하기 어렵다. 또한 학교만의 맥락이 존재함에도 불구하고 탈맥락화된 비전을 따름으로써 그 기능이 제대로 발휘되지 못하는 경우도 있다.

그래서 창덕여중에서는 비전의 공유 이전에 비전이 누구로부터 도출되어야 하는가에 질문을 던졌다. Top-down으로 주어진 비전이 아니라, 구성원으로부터 도출되어야만 비전으로서의 생명력을 얻을 것이고, 구성원에게도 자연스럽게 공유되고 활용될 수 있다고 본 것이다.

이러한 문제의식과 필요성에 공감한 교사들은 2017년 비전 도출을 위한 학습공동체를 결성하였고, 전체 구성원이 참여하는 비전 도출 프로젝트를 시작했다.[2]

미래학교 비전을 세우기 위한 준비

2016년 겨울, '비전 공유회'라는 행사를 통해 교직원이 학교 비전을 필요로 한다는 것을 확인했다. 그러나 학교 비전을 단시간 안에 도출하는 것은 무리가 있다고 판단했다. 또한 다수의 학생과 학부모의 참여를 이끌어 내기 위해서는 체계적인 준비와 시간이 필요했다. 그래서 창덕여중 비전 도출 학습공동체(이하 비전팀)는 비교적 장기적인 과정으로 다양한 의견을 수렴코자 했다.

우선 비전팀은 국내외 여러 학교의 비전 사례를 수집했다. 각 학교의 비전은 무엇이고, 어떤 형태로 구성되어 있는지, 그리고 그것들 간의 관계는 무엇인지를 분석했다. 학교마다 비전, 미션, 인간상, 가치, 사명 등의 다양한 용어를 사용하고 있었다. 비전팀은 우선 도출코자 하는 것의 범위를 결정해야 했다. 조사했던 학교 사례에서는 미션, 가치, 인간상, 학교 경영 목표 등을 비전의 하위 요소로 담고 있었으나, 각각의 요소가 담고 있는 내용은 유사한 측면이 있었다. 그래서 가급적이면 꼭 필요한 요소를 사용하고, 요소 간에 긴밀하게 연결되어야 한다고 판단했다.

또한 비전을 도출하는 방법을 결정하는 것도 쉬운 일은 아니었다.

---

2 이은상·김유정·박의현(2018), 학교공동체의 비전 도출 과정 탐색 : C중학교 사례를 중심으로. 교육혁신연구, 28(4), 319-339.

학교마다 비전을 갖고 있지만 도출 방법을 안내한 문헌은 발견하지
못했다. 기업이나 대학 등에서는 외부 컨설팅을 통해 비전 도출 방법
론을 적용하고 있었으나 학교 사례는 찾지 못했다. 그래서 비전팀은
학교 밖의 사례들을 참고해서 도출 방법론을 수정했다.

우선 다양한 문헌과 사례를 통해 학교가 사용할 비전의 요소(비전,
가치, 인간상 등)를 정했다. 그리고 학교 구성원의 의견을 통해 학교
의 핵심 가치를 도출하고, 이것이 반영된 학생상·교사상·학부모상
을 기술하기로 했다. 마지막으로 핵심 가치와 인간상 등을 포괄하고
있는 학교 비전을 도출하기로 했다.

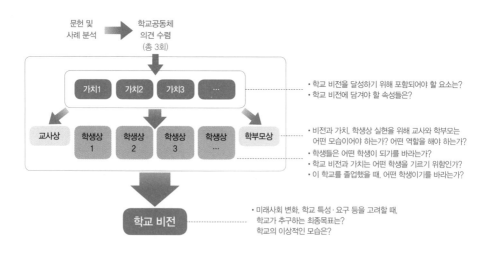

비전 도출 구조

학교 구성원으로부터 시작한 비전, 핵심 가치, 구성원상 도출

문헌 분석 결과를 바탕으로 비전팀은 1차 설문 도구를 제작했다. 설문 도구는 가정통신문 형태로 전체 학생 및 학부모에게 배부되었다. 설문 도구는 참고 자료, 참여자 의견, 추후 조사 동의 여부의 3가지 항목으로 구성되었다.

첫 번째 항목인 참고 자료에는 미래사회와 학교의 변화에 대한 예측 자료를 담았다.

두 번째 항목인 참여자 의견에서는 비전, 가치, 학생상, 교사상, 학부모상 등에 대해 응답하게 했다. 각 항목에서 묻는 것이 무엇인지 자세히 설명하고, 응답할 때 참고할 수 있도록 다른 학교나 교육기관의 사례를 함께 제시했다.

마지막 항목인 추후 조사 동의 여부에서는 2차, 3차 의견 수렴에 참여할 의사가 있는지를 물었다.

비전팀은 1차 설문조사의 응답을 분석하여 유목화했다. 이를 바탕으로 주요 핵심 가치 12가지를 도출하였고, 2차 설문조사에 반영했다. 2차 설문조사 참여자는 1차 설문조사에서 비전 도출 과정에 지속적으로 참여하는 것에 동의한 구성원을 대상으로 했다. 2차 설문조사 결과는 5점 척도의 응답에서 응답자별로 학생상·교사상·학부모상에 포함되어야 할 핵심 가치의 중요도에 우선순위를 부여케 했다. 우선순위 1위부터 5위까지로 응답한 경우 각각 1.5부터 1.1까지 가중치를 부여하여 곱한 뒤 평균을 계산했다. 예를 들어, 중요도에 5점이라고 응답하고 우선순위를 1위로 표시한 경우, 중요도 5점에 가중치 1.5를 곱해 7.5점으로 환산한 것이다. 2차 설문조사 결과, 구성원에 따라 기대하는 핵심 가치가 각기 다르다는 점을 알 수 있다.

학생상에 포함되어야 할 가치는 도전·협력·공감·건강·즐거움의 순서이고, 교사상에는 공감·정의·도전·건강·협력의 순이었다. 학부모상에는 공감·건강·협력·정의·즐거움이 중요한 것으로 나타났다.

구분		자유	창의	본질	도전	협력	실천	건강	공감	끈기	즐거움	탐구	정의
학생상	교원 응답	4.35	4.75	4.09	5.43	5.54	4.38	5.20	5.63	4.61	4.72	4.41	4.83
	학생 응답	4.38	4.42	3.10	6.13	5.31	4.39	4.96	5.31	4.96	5.49	3.87	4.81
	학부모 응답	4.05	4.73	4.25	5.87	5.60	4.85	5.91	5.14	4.69	5.15	4.26	4.49
	순위	10	8	12	1	2	9	4	3	6	5	11	7
	전체 응답	4.26	4.63	3.81	5.81	5.48	4.54	5.36	5.36	4.75	5.12	4.18	4.71
교사상	교원 응답	4.72	5.09	4.29	5.31	5.14	5.24	4.68	5.48	4.24	4.45	5.01	4.78
	학생 응답	4.43	4.21	3.23	4.72	4.17	4.36	4.93	5.59	4.55	4.77	4.64	6.03
	학부모 응답	4.33	4.59	4.67	5.18	5.55	4.77	5.56	6.11	4.20	4.83	5.15	5.09
	순위	10	9	12	3	5	7	4	1	11	8	6	2
	전체 응답	4.50	4.63	4.07	5.07	4.95	4.79	5.05	5.73	4.33	4.69	4.93	5.30
학부모상	교원 응답	4.65	3.55	4.11	4.05	5.91	4.78	5.61	5.66	4.03	4.54	3.47	4.79
	학생 응답	4.55	3.13	3.74	4.29	4.49	3.88	5.50	6.07	4.26	4.49	3.33	5.75
	학부모 응답	3.79	3.55	4.81	4.58	5.55	4.72	5.25	5.56	4.35	4.83	3.31	4.77
	순위	7	11	9	8	3	6	2	1	10	5	12	4
	전체 응답	4.33	3.41	4.22	4.31	5.32	4.46	5.45	5.76	4.21	4.62	3.37	5.10

2차 설문조사 결과

이때 비전팀에서 가장 논쟁이 되었던 것은, 학교의 핵심 가치를 도출할 때 학생상·교사상·학부모상에 포함된 가치를 동일한 비중으로 다룰 것인가였다. 비전팀에서는 치열한 논의를 하였고, 결과적으로 학생상에 포함되어야 할 가치에 가중치를 부여해서 최종적으로 종합적인 핵심 가치를 도출하기로 결정했다. 학교교육의 목표가 학생의 성장과 행복에 있다는 점을 전제할 때, 학교의 핵심 가치에도 학생상에 포함된 가치가 비중 있게 포함되어야 한다고 본 것이다. 그 결과, 가중치 부여 전에는 5위에 있던 '정의' 대신 '즐거움'이 핵심 가치에 포함되었다. 또한 가중치 부여 이후 2, 4, 5위의 순서가 바뀌었다. '공감'은 여전히 1위로 나타났고, 2위였던 '건강'과 4위였던 '도전'의 순서가 바뀌었다. 가중치 부여를 통해 교사, 학부모에게 '건강'을 기대하고, 학생에게 '도전'을 기대하던 결과가 반영되었다고 볼 수 있다.

인간상과 핵심 가치를 실현하는 비전에 대해서도 다양한 의견이 서술되었다. 각 응답은 개별적인 가치를 포함하는 경우가 대부분이었다. 비전이 학교 교육활동의 최종 목표이자 방향이라고 할 때, 특정 가치만 비전에 포함한다면 궁극적인 목표로서의 의미가 약화될 수밖에 없다. 그래서 학교 비전은 포괄적인 표현으로 기술되는 것이 적합하다고 비전팀은 판단했다. 창덕여중이 지니고 있던 기존의 비전이 '미래를 준비하는 행복한 학교'라는 점, 설문조사에서 학교 비전에 보다 적극적인 표현이 포함되어야 한다고 밝힌 점 등을 참고하여 학교공동체의 최종적인 비전은 '미래를 만들어 가는 행복한 학교'가 되었다.

학생상

- 다른 사람의 입장에서 이해하고 행동하는 학생
- 새롭거나 어려운 일을 끈기 있게 시도하는 학생
- 다른 사람과 생각을 공유하고 힘을 합하는 학생
- 몸과 마음의 건강한 발달을 추구하는 학생
- 유쾌하고 긍정적으로 생각하는 학생

학부모상

- 학생과 학교를 이해하고 소통하는 학부모
- 의미 있는 교육활동을 함께 만들어 가는 학부모
- 건강한 몸과 마음을 위한 가정 문화를 형성하는 학부모

교사상

- 학교 구성원의 마음을 이해하고 소통하는 교사
- 더 나은 교육을 위해 꾸준히 연구하는 교사
- 공동체의 비전을 존중하며 옳음을 실천하는 교사

창덕여중 인간상

자발적으로 비전이 활용되다

학교 구성원의 의견을 수렴하여 도출한 학교 비전, 핵심 가치, 인간상이었지만, 이를 공유하고 활용하는 것은 구성원의 몫이었다. 당시 학교장이 지지하고, 구성원이 기대하고 있던 비전 도출 과정이었지만 "지금부터 우리의 비전은 이것입니다. 우리 모두 이것을 향해 나아갑시다."라고 선언하는 것이 오히려 비전에 대한 반감을 불러일

으키지 않을까 염려되었다. 비전 도출 과정을 진행한 비전팀도 비전의 활용 여부를 장담하진 못했다.

다행스럽게도 2017년 겨울부터 학교 구성원은 스스로 도출한 비전을 곳곳에서 활용하기 시작했다. 우선 학교 차원에서는 학년 초, 교육 계획 수립 시 각각의 교육활동과 핵심 가치를 연결했다. 담당 부서에서는 각 업무가 학교의 어느 핵심 가치와 관련되어 있는지를 따져 보고, 자체 평가 질문을 만들고 있다. 또한 학생들에게 배부되는 다이어리, 학교 홈페이지, 각종 홍보물 등을 통해 학교의 비전이 이미 지화되어 지속적으로 전달되고 있다. 교과 교육과정 차원에서도 비전이 공유·활용되고 있다. 창덕여중의 일부 과목에서는 교과 수업 목표에 핵심 가치를 반영하고 있다. 또한 학년별로 집중 핵심 가치를 배정하여 수업과 평가를 하는 경우도 있다. 특히 신입생을 대상으로 하는 자유학년제 수업은 학교공동체의 비전을 배우고 익히는 수업으로 시작한다.

2018년에는 새롭게 구성된 학습공동체에서 학교의 핵심 가치 함양과 관련한 측정 도구[3]를 개발하였고, 학교 자체 평가 시 활용하고 있다. 이러한 모습들은 학교 구성원이 학교 비전에 의미를 부여하고 공유하고자 한 노력의 결과이다.

---

3   김준구·이은상·오유진(2018), 교육공동체의 핵심 가치·역량 측정을 위한 척도 개발 및 타당화 연구, 학습자중심교과교육연구, 18(20), 517-544.

창덕여중 핵심 가치(역량) 검사지

이 설문지는 창덕여자중학교 학생들의 협력, 공감, 도전 역량(본교 핵심 가치)이 변화하는 양상을 살펴보기 위한 것입니다. 수집된 자료는 학교 교육활동 개선을 위한 기초 자료 이외의 목적으로는 절대로 사용되지 않으므로 각 문항에 솔직하고 성의 있게 답변해 주시기 바랍니다. 감사합니다.

2019. 12. 31.
창덕여자중학교장

협력	자신의 점수				
1. 나는 그룹(팀)의 목적 달성을 위해 구성원을 배려하고 양보하려고 한다.	①	②	③	④	⑤
2. 나는 그룹(팀) 활동 과정에서 문제가 생기면 그룹의 규칙이나 구성원의 생각이 무엇인지 생각해 본다.	①	②	③	④	⑤
3. 나는 그룹(팀) 활동을 할 때, 그룹의 목적 달성을 위해 필요한 것이 무엇인지 파악하려고 한다.	①	②	③	④	⑤
4. 나는 그룹(팀)에서 발생한 문제와 관련한 지식이나 정보를 친구들과 공유한다.	①	②	③	④	⑤
5. 나는 그룹(팀)의 문제 해결을 위한 구체적인 계획이나 내용을 친구들과 공유하고 조정한다.	①	②	③	④	⑤
6. 나는 그룹(팀)의 일이라면 나의 역할이 아니어도 함께 해결하기 위해 참여한다.	①	②	③	④	⑤

공감			자신의 점수		
1. 나는 괴롭힘을 당하는 친구를 보면 그 친구의 고통이 마치 나의 고통처럼 느껴진다.	①	②	③	④	⑤
2. 나는 선생님이 웃으시는 모습을 보면 나도 같이 웃고 싶어진다.	①	②	③	④	⑤
3. 나는 몸이 불편한 친구를 보면 도와주고 싶은 마음이 든다.	①	②	③	④	⑤
4. 친구 표정을 보면 우울한 상태인지 아닌지 알 수 있다.	①	②	③	④	⑤
5. 나는 평소에 선생님의 기분이나 감정을 잘 알 수 있다.	①	②	③	④	⑤
6. 나는 친구들이 어떤 행동을 좋아하고 싫어하는지 알 수 있다.	①	②	③	④	⑤
7. 선생님이 힘든 일을 하실(예 : 무거운 학습 자료 운반, 모둠 칠판 닦기, 컴퓨터가 작동이 안 될 때, 교실 청소 등) 먼저 나서서 선생님을 도와 드린다.	①	②	③	④	⑤
8. 무리에 끼지 못하고 혼자 있는 친구가 있다면 같이 놀자고 먼저 얘기한다.	①	②	③	④	⑤
9. 선생님이 기운 없어 보이실 때 내가 먼저 다가가 위로를 건넨다.	①	②	③	④	⑤

도전			자신의 점수		
1. 내가 경험을 하지 않았더라도 새로운 과제가 주어지면 도전하려고 마음먹는다.	①	②	③	④	⑤
2. 나는 계속적으로 변화하거나 새롭게 시작하는 과제에 관심을 갖는다.	①	②	③	④	⑤
3. 나는 어떤 문제를 발견하면 해결하려는 마음을 갖는다.	①	②	③	④	⑤
4. 나는 문제 해결을 위한 아이디어를 먼저 제시하는 편이다.	①	②	③	④	⑤
5. 나는 다른 친구들이 어려워하는 것들에 대해서도 나라면 어떻게 해결할 수 있을까 고민한다.	①	②	③	④	⑤
6. 나는 새로운 아이디어를 실천할 때 실패 가능성이 있어도 이를 감수하고 행동에 옮기는 편이다.	①	②	③	④	⑤

학교 핵심 가치 측정 도구 설문조사 중 일부

살아 있는 학교 비전을 위하여

학교 구성원이 도출한 학교 비전일지라도 시간이 지나면 그 의미가 축소될지 모른다. 학교 구성원의 생각을 담은 것이 비전이기에 구성원이 바뀔 경우 비전에 대한 생각도 달라질 수 있기 때문이다. 해마다 구성원의 이동이 불가피한 공립학교에서 비전 공유는 어떤 집단보다 어려울 수 있다. 학교마다 비전이 있지만, 구성원에게 큰 의미를 갖지 못하는 이유이기도 하다.

학교 비전은 구성원이 애정을 갖고 관리해야만 끊임없이 생명력을 갖게 된다. 비전을 이루고 있는 내용과 형식뿐만 아니라, 비전을 도출하는 방법은 시간이 지남에 따라 변할 수 있다. 그러나 변하지 말아야 할 것은, 학교공동체가 지향하고 있는 것이 무엇인지를 묻고, 답하고, 활용하려는 노력이다. 그리고 학교의 각종 활동은 학교 비전과 연결될 때 더욱 큰 의미를 갖게 될 것이다.

교사들의 치열한 고민은 계속되고 있다. 그러나 적어도 우리가 무엇으로 연결되어 있는지, 무엇 때문에 바쁘고, 왜 미래학교를 만들어가고 있는지는 분명하다. 학생들에게만 꿈꾸기를 요구하는 것이 아니라 교사도, 학부모도 함께 꿈꾸는 학교, 우리는 학교 비전을 통해 그러한 학교로 나아가고 있다.

미래학교 회의 문화

소통이 있는 회의가 되려면 무엇이 필요한가

모든 학교에는 '회의'가 있다. 교직원 회의와 부장 회의가 학교의 대표적 정례 회의일 것이다. 회의라는 이름을 달고 있지만, 학교의 회의는 대부분 일방적 내용 전달 모임인 경우가 많다. 일방통행식의 경직된 회의 문화를 개선하고자 서울특별시교육청에서는 2015년부터 '토론이 있는 교직원 회의'라는 슬로건을 내걸고 회의 문화를 개선하기 위한 정책을 펴기도 했다.

교육청 정책 이후에 일반 학교의 회의 문화는 얼마나 바뀌었을까? 사회 전반의 탈권위와 민주화 분위기의 수준을 넘어설 만큼 학교의 회의 문화 자체가 바뀌었는지는 의문이다. 혁신학교를 중심으로 일부 변화의 움직임도 감지되었으나, 일반 학교의 회의 문화가 혁신적으로 바뀌었다는 인식에는 동의하기 어려운 것이 사실이다.

그렇다면 창덕여중의 회의 문화는 어떤 모습일까? 미래학교다운 회의 문화를 갖고 있을까?

창덕여중의 회의 문화를 한마디로 요약하면 '소통'이라고 할 수 있다. 모두가 의견을 말할 수 있는 통로를 정확히 갖고 있고, 안건을 공유하는 시스템도 분명하며, 그 결과도 명확히 확인할 수 있다. 창덕여중은 그야말로 자율적이며 투명한 소통의 회의 문화를 갖고 있다. 이러한 회의 문화는 언제부터 이렇게 자리 잡게 된 것일까?

진정한 소통을 위한 회의는 구성원의 마음을 열라는 강요 혹은 관리자의 열린 마인드에서 비롯되는 것이 아니다. 바로 열린 시스템이 작동하는 데서 시작된다.

회의 내용의 '열림'은 회의 형식이 그것을 담을 수 있도록 준비되어 있어야 한다. 회의가 소통이 되려면 그냥 허심탄회하게 얘기하자고 선포하거나 무조건적인 오픈이 아니라, 그 원칙과 형식이 잘 갖추어져 있어야 작동할 수 있다는 뜻이다. 이제 충실한 소통의 다리 역할을 하는 미래학교 회의 문화의 역사를 얘기해 보고자 한다.

미래학교 회의는 어떻게 성장했을까

미래학교 회의 형식 변화를 간단히 표로 정리해 보았다.

시기	명칭	시간	참석	장소	형식
2014학년도	교직원 회의	금 8시 30분 20분간	모든 교직원	세미나실	각 부서 주간 계획 전달
2014.11.7.~					주간 계획 읽기(5분) 질문하기(15분)
2015~2016 학년도	열린 ○○회의	목 4시	부장 회의 성격이나 모두에게 개방	교장실	정보 전달 지양 제안자의 안건 중심 토의
	교직원 회의	수 5교시	모든 교직원	세미나실	학습 동아리 시간(전달 성격)
2017학년도 이후	열린 회의	월 3시	부장 필수 참석 전체 개방	정보방	질문 형식으로 사전에 공유 온라인에 탑재하고 토의
	교직원 회의	수 2시 30분	모든 교직원	정보방	공유(주제별 토의/학습) 연수(필수 연수)

미래학교 회의 문화 변천사

미래학교 초창기부터 회의 형식과 의사결정 방식을 바꾸기 위한 학교장의 고민과 노력이 절실히 드러나 있다.

> 1. 오늘 직원 회의부터는 '전달' 방식에서 '질문' 방식으로 전환
> 2. 08:30~08:35 : 주간 교육 계획 각자 읽어 보기
> 3. 08:35~ : 궁금한 점 질문하기
> 4. 질의응답을 마치고 나면 이전과 달라진 점 등 아주 중요한 내용만 간략히 전달하기
>
> 부탁 드릴 사항은 부장님들은 가급적 말씀을 하지 말아 주시기 바랍니다. 그래야 회의가 일반 교사들 중심으로 이루어질 수 있기 때문입니다. 오늘 직원 회의가 의도된 목적대로 잘 이루어질 수 있도록 부장님들의 협조 바랍니다.

2014년 11월 7일 이화성 전 교장의 교내 메신저에는 '질문하는 교직원 회의'를 위한 학교장의 단호한 개혁 의지가 나타나 있다. 이에 처음에는 교사들이 다소 부담스러워 했고, 부장 교사 중에는 구두 전달 설명 시간이 축소되는 시스템을 불안해 하기도 했다. 그럼에도 불구하고 침묵했던 교사가 질문을 하고, 점차 자신의 의견을 말하는 변화가 어렵게 시작되었다.

2015년 2학기 초, 또 한 번의 회의 형식 변화의 계기가 있었다. 목요일 오후 폐쇄형 부장 회의, 수요일 오후 전체 교직원 회의로 진행했는데, 목요일 오후의 부장 회의를 전체 교직원에게 개방한 것이다. 안건이 있거나 관심 있는 모두에게, 심지어 학생에게도 회의에 참석할 수 있도록 개방하면서 명칭도 '열린 ○○회의'로 바꾸고, 이를 위한 매뉴얼도 만들었다.

회의 진행 방식(표준 매뉴얼)

(사전) 전 교직원에게 일시 및 장소, 대상자, 안건 안내
(본 회의) 〈1단계〉 역할 분담(사회자, 시간 관리자, 기록자)
　　　　 〈2단계〉 안건 확인 또는 순서 조정
　　　　 〈3단계〉 안건별 심의
　　　　 - 발제자 설명(생략 가능) ⇒ 검토 의견 ⇒ 대안 검토 ⇒ 잠정적 결론 또는 안건을 조정하여 다시 회의
　　　　 - 학생에게 도움이 되는가(교육적인가), 최선인가(더 나은 대안은 없는가), 실현(천) 가능한가(예산, 시간, 인력 등 범위)
　　　　 〈4단계〉 내용 정리 및 공유
　　　　 - 안건별 검토 내용 및 잠정 결론을 정리(발표)
　　　　 - 미진한 부분이 있으면 향후 회의 일정을 잡거나 역할 분담
　　　　 〈5단계〉 감사 인사
(회의 이후) 필요한 대상에게 공유, 향후 일정 안내

그러나 이러한 변화에 대해 일부 부장 교사는 불편해 했고, 일반 교사들은 참석을 부담스러워 했기 때문에 그리 활성화되지는 못했다. 그래도 '구성원의 의견 속에 답이 있다.', '문제점이 답을 갖고 있다.'는 철학 속에 변화의 시간을 인내하였고, 점차 회의가 열려 갔다. 그리고 마침내 지금의 미래학교 회의 문화의 기틀이 잡혔다.

2016년, 이러한 회의 방식이 점차 안정화되어 갔다. 그리고 회의 방식의 변화가 소통의 다리 역할을 하여 학교의 전반적인 업무에도 긍정적인 효과를 가져왔다. 해당 업무 담당자가 직접 회의에 참석하여 논의하는 것만으로도 소통이 확대되는 변화를 가져왔다. 사소한 형식의 개선이 큰 내용적 혁신의 씨앗이 되었다.

소통 방식을 혁신하는 데 또 하나의 일등 공신은 공유 시스템이다. 2016년 초, 학교 전 구성원이 참여할 수 있는 온라인 공유 시스템이 구축되었다. 이 시스템을 통해 구성원은 전체 일정, 회의록 등을 공유하면서 누구나 회의 안건을 올리고 회의 결과도 기록했다. 회의에 참석하지 못한 사람들도 논의 사항과 해결 방안을 파악할 수 있게 되었다. 이 과정에서 자연스럽게 회의 자료를 따로 출력하지 않아 '종이 없는 회의'가 가능해졌다. 공유 시스템 구축이 구성원 간의 정보 격차를 줄여 학교 업무에 따른 에너지 소모를 줄이고 미래학교다운 회의로 변화해 갔다. 이 또한 시스템의 변화가 내용의 혁신을 가져온 것이다.

'열린 회의'는 월요일 방과 후인 오후 3시로 고정하고, 전체 교직원 회의도 매주 수요일에 '공유'와 '연수', '교원 학습공동체' 시간을 격주로 배치하여 안정된 틀을 갖추었다. '공유'는 월요일 열린 회의에서 제안된 안건이 전체 교직원의 토론이 필요한 사항일 경우 같이 논의하는 자리이다. 또는 모두 같이 생각해 볼 주제에 대해 의견을 나누면서 실행 계획을 구체화하는 시간이다. '연수'는 각종 필수 연수와 중요 전달 사항을 위한 시간으로 구성되어 있다. 월요일의 열린 회의에서 제안된 안건이 수요일의 '연수'나 '공유'와 유기적으로 연결되는 모델도 이때 틀이 갖추어진 것이다. 의사결정의 틀이 안정되니 회의도 편안해지고, 그로 인해 소통도 잘되었으며, 구성원 간의 정보 격차도 현저히 감소했다.

미래학교 회의에 없는 3가지

종이가 없다?

미래학교의 각종 회의에는 종이 회의 자료가 없다. 심지어는 학교 운영위원회 회의에도 배부 자료를 별도로 출력하지 않는다. 주로 정보방에서 각종 회의가 열리는데, 노트북과 연결된 모니터로 회의 자료를 공유한다. 전혀 불편함이 없다. 준비하는 에너지도 절약되고, 모니터를 다 같이 보게 되니 오히려 회의 집중도가 높아진다.

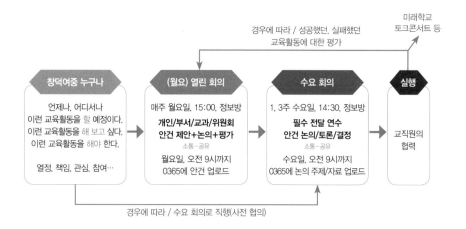

창덕여중의 회의 시스템

회의실이 없다?

　미래학교의 회의 장소는 다양하다. 고정된 테이블도 좌석도 없다. 흔히 부장 회의 하면 떠올리는 장방형 탁자에 직제 순서대로 앉아서 돌아가면서 전달 사항을 얘기하는 그런 모습을 미래학교에서는 전혀 볼 수 없다. 정보방이나 누리방, 각 층의 홈베이스 어디나 회의실로 변모한다. 미래학교에는 책상과 테이블이 고정된 교실이 거의 없기 때문에 어느 교실에서든 회의 형태로 테이블과 좌석을 배치하면 된다. 이러한 가변성이 자유로운 의식을 돋우고, 소통이 원활한 회의 분위기를 만든다. 이 역시 형식이 내용을 견인한 예로 볼 수 있다.

참석자 제한이 없다?

　미래학교 열린 회의에는 누구나 참석할 수 있고, 안건이 있으면 그

당사자가 참석하여 직접 설명하고 다 같이 토의한다. 그것이 두세 단계의 행정적 에너지 소모를 줄임은 물론, 모든 구성원에게 공동체 의식과 책임감을 부여하는 역할을 한다. 서로가 동일한 정보를 유사한 수준으로 공유하게 되니 '아 다르고, 어 다른' 우리 사회에서 갈등을 줄여 더 편안한 학교를 만들고 있다.

미래학교 회의에 있는 3가지

사전 준비가 있다!

회의 안건이 있는 부서나 개인은 반드시 사전에 공유 시스템에 자료를 올려놓는다. 학교장과 교감은 대부분의 경우 오늘 무슨 토의를 할지 마음의 준비(!)를 할 수 있다. 이슈가 되는 사안이 있을 경우에는 관심 있는 구성원 누구나 열린 회의에 적극 참여하여 의견을 개진한다.

2018년 가을에는 '방학 중 근무'가 이슈가 되었다. 결론적으로 방학 중 교감선생님의 부재가 예상되는 날은 교사들이 자율적으로 출근일을 선택하여 교무 업무를 분담하기로 결정했다. 이때도 열린 회의의 '열림'은 갈등을 줄이고 소통하는 데 도움이 되었다.

질문이 있다!

"다음 주에 ○○행사가 있어요."의 통보가 아니라 "○○행사는 어떻게 하면 좋을까요?"의 질문으로 진행된다. 질문 형식으로 회의 안건을 다루면 얻게 되는 또 하나의 장점은 회의 안건을 미리 들고 오게 된다는 것이다. 계획 단계 이전에 논의해야 하는 까닭이다. 그래서 학사 운영 준비가 더 철저해지고, 때로 생각지 못한 일이 발생해도 잘 대처할 수 있다. 단점이라면 질문에 이은 토론을 하다 보면 회의 시간을 훌쩍 넘기는 일이 다반사다. 그러나 늦어져도 서로의 의견을 충분히 나누어서인지 늘 화기애애하게 마무리한다.

사후 공유가 있다!

논의한 내용이 공유되지 않으면 구성원 간에 벽이나 틈이 생긴다. 학교생활은 매우 입체적이기 때문에 하나의 벽, 한 줄의 틈이 때로는 예상치 못한 문제를 만들어 낸다. 회의 결과의 공유는 그래서 중요하다. 회의 결과는 공유 문서에 회의록으로 기록한다. 열린 회의는 교무부장이 주재하고, 미래연구부장이 내용을 즉시 입력하여 공유 시스템에 올린다. 회의 결과를 별도의 시간에 전달할 필요도 없고, 결과가 항상 온라인상에 기록되어 있으니 필요할 때마다 볼 수 있다.

회의를 소통으로 만드는 데 필요한 것은 시스템

교장실 원탁 테이블 유리 상판 아래에는 미래학교 회의 매뉴얼이 놓여 있다. 회의의 3요소, 회의 준비와 회의 기록 체크리스트 등이 주요 내용이다.

창덕여중의 회의 문화는 민주적인 회의 문화를 만들고자 하는 구성원의 의지뿐만 아니라, 질문과 토론이 이루어질 수 있는 시스템을 통해 발전해 왔다. 회의 문화가 미래학교 이야기에서 한 부분을 차지하게 된 것은, 공동체의 문제를 같이 고민하고, 소통을 통해 결정하며 실행케 하는 회의 문화가 창덕여중을 미래학교답게 만드는 중요한 역할을 하고 있기 때문이다.

학교뿐만 아니라 어떤 조직에서든 문화는 모든 물리적 환경을 담아내고 움직이게 하는 궁극적인 힘이다. 그중에서도 회의 문화는 조직 문화를 관통하는 구심점 역할을 한다. 미래학교의 성장은 서로를 열고 지지하는 교사 문화와 소통하는 회의 문화에서 비롯되며, 그러한 회의 문화는 시스템의 힘이고, 이를 위해 화합한 학교 구성원 모두의 성과이다.

미래학교 회의 매뉴얼

◆ **회의의 3요소**
1. 사전 공지(일시, 장소, 안건, 참석자, 준비 사항 등)
2. 기록
3. 사후 공유

◆ **회의 준비를 위한 체크리스트**
1. 참석자에게 충분히 공지되었는가?
2. 장소는 적절한가? (좌석수 및 배치, 스크린, 컴퓨터, 전원 등 상태)
3. 사회자, 기록자는 누구인가?
4. 자료 준비(사전 제공 여부, 인쇄물인 경우 부수 또는 스크린 상태)

◆ **회의 기록을 위한 체크리스트**
1. 일시, 장소, 참석자(참석 대상자 중 불참자, 사유)
2. 다룬 내용을 간략히 기록
3. 회의를 통해 변경된 내용은 무엇인지(이유, 논리, 명분 등)
4. 회의에서 논의되었으나 결론이 나지 않은 것은 무엇인지
   (이유, 언제 다시 논의하기로 하였는지도 기재)
5. 회의 결과 확인(참석자 확인이 되어야 공유가 가능함)
6. 차시 회의 일시, 장소 등

◆ **효율적인 회의를 위한 절차(안)**
1. 참석자 소개 및 인사(사회자, 기록자, 시간 관리자 결정)
2. 안건 간략 소개 및 순서 결정(정해진 대로 하거나 당일 변경 가능)
3. 안건별 토의 (※1시간 이내로 완료할 수 있도록 안건 수 조절)
4. 안건별 결정(변경) 사항 확인(3⇒4⇒3⇒4⇒3⇒4…)
5. 회의 결과 및 자료 등 공개 여부 결정
6. 차시 회의 일정 공지 및 폐회

3

실천하고 연구하는 교사들

창덕여중 교사상 그리고 교사들의 연구

올해는 ○○을 시도해 보기로 했어.

다들 열심히 연구하고 있는데, 무엇을 하고 있는지 알 수 없어….

내가 열심히 연구하면 학생과 학교에도 도움이 되는데…. 학교에서 연구 활동을 지원해 줄 수는 없나?

 창덕여중의 교사상 중 하나는 '더 나은 교육을 위해 꾸준히 연구하는 교사'이다. 창덕여중이 아니더라도 많은 교사들이 학기마다 혹은 수업마다 새로운 시도를 하고 있다. 꼭 새로운 시도가 아니더라도 학생들의 성장을 관찰하고 적절한 상담과 지도를 하고 있다. 그 과정을 살펴보면 실천과 더불어 교사의 연구 행위가 분명히 존재한다. 교사는 연구를 통해 실천 계획을 수립하고, 행위 중 혹은 행위 후에도 자신의 교육활동을 성찰·평가한다. 즉, 교사는 실천가 이전에 연구자이며, 연구자임과 동시에 실천가이다.

그러나 우리나라 교육에서 교사가 연구자임과 동시에 실천가로서 살아가는 것은 쉽지 않다. 교사의 연구 행위에 대한 낮은 인식, 연구 행위를 제한하는 제도적·물리적 환경, 연구와 실천을 공유하는 공동체 문화 형성의 어려움 등이 그 원인이다. 학교 안에서의 제약 조건으로 인하여 교사들은 주로 학교 밖 공동체를 통해 연구·실천을 공유하고 있다. 즉, 학교 안에서 실행한 연구 행위가 해당 학교 구성원과 공유되지 못하고 있는 현실이다.

국내외 미래학교 연구 문헌을 살펴보면 미래학교 교사들은 실천가임과 동시에 연구자이다. 자신의 혁신적인 경험의 의미를 탐색하고 시사점을 공유하는 행위는 미래학교의 지속가능성을 확보하는 방법이 될 것이다. 그래서 창덕여중은 교사들이 교사상을 실현할 수 있도록 적극적으로 지원하고, 교사들의 연구 실천 과정과 결과가 동료와 학생들의 성장, 더 나아가 교육 생태계의 질적 성장으로 이어질 수 있도록 2018년부터 ART 프로젝트(Action & Research Teacher Project)를 진행했다.

실천하고 연구하는 교사, ART 프로젝트

ART 프로젝트는 단어 그대로 실천가이자 연구자로서의 교사 프로젝트이다. 교사들의 공동체성 형성에 초점을 두고 있는 학습공동체와는 달리, 교사들의 개별적인 연구를 지원하는 학교 차원의 프로젝트이다. 학습공동체가 협력성·동료성에 초점을 둔 공동체라면, ART 프로젝트는 도전과 혁신에 초점을 둔 일종의 연구공동체이다.

물론 시작할 당시에는 여러 가지 고민이 있었다. "다들 바쁘다고 하는데, 과연 몇 명이나 참여할 것인가?", "연구를 부담스럽게 생각하지는 않을까?", "참여를 독려할 수 있는 인센티브는 무엇인가?" 등은 ART 프로젝트를 시작할 때의 현실적인 고민이었다.

이러한 상황에서 2018년 첫해 ART 프로젝트 참여자는 17명. 이는 창덕여중 교원 중 60%에 해당하며 총 10과제가 접수되었다. 2019년에는 참여자와 과제 수가 더욱 늘었다. 교사들은 경제적 인센티브보다는 보이지 않는 무언가에 반응했을 것이다.

교사들에게는 연구 내용, 산출물 형식 등을 엄격하게 강요하지 않았다. 교사들이 갖고 있을 연구에 대한 부담감을 낮추고, 가급적 많은 교사들이 참여하도록 유도한 것이다.

ART 프로젝트에 참여한 교사들에게는 연구를 위한 교구, 자료 등을 구입하거나 연구 과정에서 동료 혹은 전문가와 1~2회 협의회를 할 수 있는 예산을 지원했다. 학교 예산 중 업무추진비(협의회비) 일

ART Project

유형	교육과정	학습 환경	학교 문화
예	○○과목에서의 과정중심평가 피드백 사례…	학습 플랫폼으로써 MS Teams 구축 사례…	○○학급에서 회복적 생활교육의 적용 사례…

내용
신청 대상 : 전체 교직원(개인 혹은 팀 단위로 연구 과제 신청)
연구 내용 : 교육과정, 학습 환경, 학교 문화 등에서 자유롭게 지정
연구 지원 : 연구 활동비 지원(팀원 수에 관계 없이 연구 과제에 지원, 협의회비 사용 가능)
필수 사항 : 최소화된 계획서 & 보고서 제출,
참고 사항 : 학습공동체 = ART 프로젝트 활동 가능

활동 흐름

연구하고자 하는 것은? (1/2~1쪽)		중간 성과? 보완하고자 하는 것은?	연구 결과의 의미는? 보완해야 할 것은? (사진 포함, 5쪽 내외)
계획서 접수 →	계획 공유 →	중간 공유(약식) →	최종 공유
~4월 2일	4월 4일	7월 중	12월 중

학년 초, ART 프로젝트를 소개한 자료

부를 연구하는 교사들에게 할당한 것이다. 지원 금액은 1년에 40만 원 수준이었다. 물론 ART 프로젝트에 지원한 예산은 교사의 수당으로 지급된 것은 아니었다. 또한 참여자 수가 아니라 개별 과제에 대해 지급되었기 때문에 여러 명이 한 과제를 연구한 경우, 개인당 연구비는 줄어들 수밖에 없었다.

교사들은 연구를 진행하는 과정에서 세 차례 만남을 가졌다. 학년 초에는 연구 계획을, 학기 중에는 연구가 진행되는 과정을, 학년말에

는 최종 결과를 공유했다. 계획과 중간 과정에 대한 공유는 ART 프로젝트 참여자끼리만 이루어졌고, 최종 결과에 대한 공유는 학교 구성원 혹은 전국 교육자들을 대상으로 했다. 학교에서 매년 전국 교육자들을 초대하는 보고회를 진행하고 있었고, 이 행사 중 일부가 ART 프로젝트 공유회가 된 것이다. 물론 최종 결과에 대한 공유 대상은 ART 프로젝트에 참여한 교사들이 직접 선택했다.

현실 문제 개선으로부터 출발한 ART 프로젝트[4]

교사들은 왜 ART 프로젝트에 참여했을까?

그리고 어떠한 주제를 연구하였는가?

참여 동기와 주제 선정에 관한 질문은 서로 연결되어 있었다. 수업과 상담 그리고 행정업무 등을 본업으로 하는 교사들이 연구라는 영역에 참여한 이유는 현실 문제를 개선하기 위해서였다. 학생들을 가르치는 교사로서 자신의 수업을 개선하고자 하는 욕구, 학생들에게 나타나는 문제 상황을 해결하고자 하는 욕구가 교사들에게 존재했다. 또한 자신이 맡고 있는 업무가 잘 진행되는지, 그리고 효과가 있는지 등을 파악하기 위한 현실적인 필요와 욕구 등이 연구의 출발점

---

4 이은상 · 김준구 · 오유진(2019), 학교 내 '실천가이자 연구자로서의 교사' 프로젝트 사례 연구, 학습자중심교과교육연구, 19(8), 1037-1063.

으로 작용했다. 더 나아가서는 자신이 근무하고 있는 학교의 문화를 개선하기 위한 목적으로 참여한 교사들도 있었다.

저희는 당장 우리 학생들에게 나타나는 문제가 무엇인지에 대해 논의했어요. 처음에 생각했던 주제는 조금 더 학문적이었는데, 팀원들과 논의하면서 학생들이 현재 겪고 있는 어려움에 집중하게 된 것 같아요. 지금까지는 막연히 추측했던 문제들이 실제로 문제인지를 밝혀서 해결해 보고 싶은 생각이 있었어요.

— 김○○ 교사

제 연구는 우리 학생들이 수학을 포기하는 경우가 많은 것에서 출발했어요. 수학은 추상적이고 관념적인 경향이 있어요. 그런데 다른 나라는 그렇지 않은 것 같았어요. 그 방법이 무엇인지 궁금해서 외국 사례를 보게 되었고, 평가 문항을 특히 유심히 봤어요. 사실 연구 과정에서 많은 아이디어를 얻었고요. 실제 정기고사 평가 문항을 바꾸기도 했어요. 앞으로도 이 연구를 참고해서 평가를 할 생각이에요.

— 안○○ 교사

ART 프로젝트는 연구 주체가 현장 교사이고, 연구 대상은 자신의 학생, 수업, 업무 등이 된다. 참여한 교사들의 연구 주제는 다양하지만, 학문적인 지식의 축적 혹은 지식의 결함보다 자신이 처한 상황에서 최선의 실천을 하기 위한 연구에서 출발했다. 실천가이자 연구자로서의 교사들은 의도한 것과 실제로 일어난 것 사이의 불일치로부터 문제의식을 갖게 되고, 연구 문제는 실천과 이론 중 어느 한쪽에서만이 아니라 이 둘 사이에서 교사의 비판적인 반성을 통해 도출된다고 볼 수 있다.

연구 주체에게 도전을 허용하는 자유로움

ART 프로젝트의 기본적인 조건은 창덕여중의 교육활동에 도움이 되는 연구로 하였다. 연구 대상과 목적을 제외하면 연구의 대부분은 참여 교사들이 결정할 수 있다. 교사 연구자들은 외부 전문 연구자나 연구 기관의 연구를 공동으로 진행하거나 지원하는 경우가 많은데, 이때 교사는 연구의 주도권을 가진 연구 기관에 비해 수동적인 자세를 취할 수밖에 없다. 그러나 ART 프로젝트에 참여한 교사들은 연구 주제 선정, 연구 계획 수립, 연구 진행과 결과 보고 등의 일련의 과정을 개별적으로 결정하고 주도하면서 연구를 진행했다. 물론 연구 기관에 비해 연구를 진행하는 과정과 결과를 분석하는 것이 전문적일 수는 없지만, 각자의 수준과 상황에 적합한 연구를 진행했다.

기존의 연구는 팀이 조직되고, 마감일이 있고, 해야 할 과업이 명료해서 해치운다는 느낌이 있었어요. 그런데 ART 프로젝트는 일 년 동안 계획을 세우지만, 유연하고 자유롭게 할 수 있었던 것 같아요. 또 연구의 주도권이 나에게 있기 때문에 자유로웠어요. (기존에 외부에서) 팀단위로 할 때는 내 것이 아니라는 생각이 들어서 주어진 일만 하면 된다고 생각했어요. 그러나 (ART 프로젝트 연구는) 내 것이라는 생각이 들어서 더 애착이 가요.

— 박○○ 교사

위 설명과 같이 연구의 주도권은 연구의 동력으로 작용했다. 바쁜 일상 속에서도 연구 행위를 지속할 수 있게 한 것은 자신이 관심과 흥미를 갖고 있는 주제를 탐구하는 것에 대한 내적 동기가 작용했다고 볼 수 있다. 연구의 자유로움은 연구·실천의 느슨함으로 이어지기도 했다. 그러나 그러한 느슨함과 자유로움은 교사의 도전에 대한 인정으로 구성원에게 인식되었다.

저는 재미있어 보여서 참가했어요. 저한테는 재미가 중요하거든요. 게다가 ART 프로젝트는 마음이 편해 보였어요. 결과물이 부끄러워도 될 것 같다는 생각? 다른 연구들은 외부의 시각을 의식하고, 형식에 맞춰야 하는 부담이 있잖아요. 그런데 ART 프로젝트는 결과물의 형식과 내용 등이 자유롭다고 느껴져서 내가 재미있어 하는 주제를 자신 있게 해 본 것 같아요.

— 김○○ 교사

연구하고 실천하는 교사들의 학생들

그렇다면 이러한 교사들이 가르치는 학생들은 어떤 반응을 보였을까? 교사들이 자주 회의하고 연구하는 모습을 지켜봤던 학생들도 적지 않은 영향을 받았다. 창덕여중 교사들의 연구 결과가 교사의 교육활동 변화에만 영향을 준 것은 아니다. 연구하고 실천하는 행위 그 자체가 학생들에게도 영향을 미쳤다.

선생님들의 모습은 저희들도 연구하고 싶은 마음을 향상시키는 것 같아요. 자기주도적으로 하고 싶은 그런……. 선생님들도 직접 연구를 구상하시는 거잖아요. 그런 모습에 영향을 받아요. 저는 그 연구 결과도 공유받고 싶어요. 우리가 참여한 연구인 만큼 결과도 궁금하거든요.

— ○○○ 학생

이처럼 연구 결과에 의한 직접적인 영향이라기보다는, 끊임없이 연구하고 실천하는 교사들의 모습에 영향을 받는다는 학생들의 반응이 많았다. 어쩌면 교사의 연구 행위, 평생학습자로서 살아가는 모습이 교사와 학생 간의 신뢰를 형성하는 요인이 되지는 않았을까? 의도하지 않았지만 분명히 존재하는 효과들이 창덕여중 교사 문화로부터 나타나고 있다.

선생님들이 수업 시간에 새로운 것들을 많이 시도하시는데, 이런 것들이 연구에 기반하고 있다는 것이 신기해요. 저는 선생님들의 실험이 미래 교육 발전의 밑거름이 될 것이라 생각하고, 누군가는 이런 새로운 시도로부터 혜택을 받았으면 좋겠어요. 무엇보다 선생님들이 이렇게 연구하시는 게 참 좋다고 생각해요.

— ○○○ 학생

어떻게 보면 선생님들은 싫어하는 공부를 하지 않아도 되는 어른이 잖아요. 그럼에도 열심히 공부하고 연구하는 모습을 보면서, 저희도 쉽게 포기하는 태도를 가지면 안 될 것 같아요.

— ○○○ 학생

연구와 실천에 집중하는 교사 문화를 위하여

창덕여중에서는 무엇이 교사들의 '연구'인가에 대한 고민이 여전히 계속되고 있다. 실제로 ART 프로젝트에 참여한 교사들이 생각하는 연구는 다양한 스펙트럼으로 나타났다. 연구 목적은 공통적으로 현실 문제 개선으로 나타났지만, 연구 과정과 방법에서는 다소 상이한 초점을 지니고 있었다. ART 프로젝트에서 진행하는 연구의 내용과 방법에 대해 질문했을 때 다소 난감해 하는 참여자도 있었다. ART 프로젝트에 참여한 교사 중 일부는 자신이 진행하는 연구가 연구로 인정받을 수 있는지에 대해 의문을 지니고 있었지만, 대체로 자신만의 관점에서 연구를 수행했다. ART 프로젝트 연구 과정의 특징 중 실용성은 수업 개선, 교사들과의 공유를 위한 자료 축적과 성찰, 기록에 초점을 맞췄다면, 과학성은 엄격한 방법론을 적용하여 효과성 검증과 일반화 가능성을 염두에 두고 있었다.

> 전문적인 연구와 학교 현장 교사의 연구는 좀 다른 방향이어야 하지 않을까 생각해요. 기존의 논문이나 전문적인 연구는 나름의 프로세스와 엄격한 검증 절차가 있어요. 그러나 이런 것은 많은 시간이 필요해요. 교사들에게는 실천 행위를 자유롭게 정리하고, 성찰점 등을 뽑아 내서 정리하는 것이 받아들이는 교사에게 더 쉽게 전달될 것이라고 생각해요.
>
> — 박○○ 교사

> 저희 연구가 '연구'라는 말을 붙일 수 있는 이유는, 일단 형식을 잘 갖췄어요. 그래서 저는 연구라고 하려면 형식이 중요하지 않을까 싶어요. 연구 방법론은 전문 연구자들이 도움을 주고 계시고, 저는 데이터 분석과 수업 실행 행위에 참여하고 있어요. 그래도 엄격한 방법에 의해 과학적으로 제 수업이 검증될 수 있을 것 같아요.
>
> —김○○ 교사

ART 프로젝트에서 과학성만을 현장 연구로 규정할 경우 참여 동기는 저하되고, 현실 문제 개선에 필요한 연구 주제들이 나오지 않을 수 있다. 단위학교 내의 현장 연구를 촉진하기 위해서는 학교 밖에서 행해지는 연구 방식을 강제하기보다는, 각자의 경험과 상황에 따라 다양한 연구를 허용하되 기본적인 지침을 공유할 필요가 있다. 또한 전문가와의 협업도 방법이 될 것이다. 실제 2018년부터 일부 ART 프로젝트에서는 학교 밖 전문 연구자와 역할 분담을 통해 연구가 진행되고 있다.

ART 프로젝트가 창덕여중의 연구 문화를 대표하는 것은 아니다. ART 프로젝트는 연구를 촉진하고 지원하는 하나의 환경일 뿐이다. 이러한 환경과 교사들의 열정이 상호작용하여 창덕여중의 교사 문화가 만들어지고 있다. 서로를 실천가이자 연구자로서 바라보는 교사 문화, 어쩌면 이것이 창덕여중 교사 문화의 핵심이 될 것이다. 미래학교를 만들어 가는 주체이자 학생들을 위해 최선을 다하는 교사라는 믿음이 동료 간에 존재하고 있다.

> 처음 이 학교 와서 놀랐던 것은 선생님들의 대화였어요. 예전에는 학생들 때문에 힘들었던 얘기, 관리자의 부당함에 대한 얘기가 많았다면, 여기서는 선생님들이 관심 있어 하는 주제로 대화가 이뤄져요. 그것만 모아도 연구가 되는 것 같아요. 분위기가 그렇다 보니 ART 프로젝트에서 연구하는 것이 수월하지 않았을까 싶어요.
>
> — 이○○ 교사

ART 프로젝트의 참여자와 연구 진행 방식은 계속 변화하고 있다. 현장 교사들에게 의미 있는 연구와 공유 방식은 무엇인가에 대한 고민, 자신이 하고 싶은 연구를 진행하기 위해 누구와 함께할 것인가에 대한 고민, 연구의 질적 수준을 어떻게 확보할 것인가에 대한 고민 등이 솔직하게 공유되고 있다. 물론 미래학교로서의 창덕여중 교사들은 여전히 바쁘다. 여러 가지 제약 조건 속에서 연구하고 실천하는 교사 문화를 유지하고 발전시켜 가는 것은 계속되고 있는 과제 중 하나이다.[5]

---

5 ART 프로젝트의 연구물은 창덕여자중학교 홈페이지(미래학교-연구하는 미래학교)를 통해 확인할 수 있다.

수업을 공유하는 교사들

　창덕여중에서는 교과별 연구 수업이나 수업 공개를 강제하지 않는다. 하지만 2019년에 근무했던 교사들은 창덕여중의 가장 특색 있는 교사 문화를 말하라는 서술식 질문에 21명 중 9명이 "수업과 평가에 대해 스스럼없이 대화하는 모습"이라고 답했다. 학교장은 "교사들이 자신이 어떻게 보일까 하는 걱정을 내려놓고 서로 장점을 공유하려고 노력하고 있다."고 말했고, 이 모 교사는 "교과 수업이나 평가 등에 대해 경계 없이 원활한 소통을 하는 점이 창덕여중에서 가장 중요하다."고 응답했다. 이 소통의 중심에 수업 공유가 있다.

　수업 공유·참여는 수업 공개·참관과는 다르다. 누군가에게 자신의 수업을 공개하는 것은 교사에게는 매우 부담스러운 일이다. 수업을 참관하러 온 다른 교사에 의해 내 수업의 단점이 드러나는 것에 많은 교사가 일종의 공포감을 갖고 있다. 이러한 심리적 거부감 때문에 행정적으로 강제하지 않으면 교사들이 서로의 수업을 공유하는 일이 쉽지 않았다. 창덕여중의 수업 공유는 이러한 패러다임을 바꾸었다.

수업 공유

정기적인 수업 공유

창덕여중에서는 서로의 수업을 공유하고 참여한다. 한 명의 교사가 한 반의 특정 교과 수업을 한 학기 동안 정기적으로 들어간다. 많게는 일주일에 4시간씩 학생의 관점으로 수업을 바라보고 있다. 2017학년도에 2명의 교사가 시작했던 것이 점차 늘어 2019학년도에는 10명의 교사가 이와 같은 방식의 수업 공유에 함께했다.

미술 수업에 영어 교사와 수학 교사가 함께 들어가 학생들과 함께 미술 작품을 만들고, 음악 수업에 수학 교사가 들어가 가창 수행평가까지 함께 참여한다. 국어 수업에 그 학급의 담임인 과학 교사가 들어가 주 3시간씩 학생들과 함께 수업을 듣는다. 수학 교사가 다른 수학 교사의 수업에 정기적으로 들어가는 것은 물론이다. 매주 일어나는 일상이다.

참관하는 교사는 자신이 들어가는 수업을 평가하지 않고, 한 명의 학생으로서 수업에 임한다. 평가에도 참여하고, 피드백을 받고, 기말고사까지 꾸준히 참가한 후에 수업 교사와 밀도 있는 대화를 나눈다. 그 대화는 수업에 대한 획일적 가치 판단도 아니고, 좋은 교수법의 종용도 아니며, 충고도 아니다. 단지 서로 느낀 점을 공유하는 자리다.

이처럼 다른 교사의 수업에 정기적으로 참여하는 것은 교사뿐 아니라 학생들에게도 신선한 일이다. 이것을 처음 겪은 학생들은 조금 낯설어 하고, 이방인을 신경 쓰며 수업에 임한다. 하지만 곧 어색함은 사라진다. 그 이방인이 함께 학습하고 있고, 다른 학생들과 어떻게 비슷하고 다른지 살펴보는 것이 즐거워지기 때문이다. 2018년 한 학기 동안 주 3시간씩 사회 수업에 참여한 수학 교사는 학기말에 "학생들을 더 이해할 수 있게 되었고, 학생들과 친밀해진 점이 가장 큰 수확"이라고 말했다. 수업을 진행한 교사도 "해당 반 수업 분위기가 다른 반보다 조금 더 좋았다."고 말했다.

자유로운 수업 공유

학부모에게 공개한 수업, 선생님들께 못할 게 있나요?
제 수업을 공개합니다.
다음 주 월요일 1, 4, 5교시에 오세요!

2019년 3월 학부모 총회 다음 날 아침, 전체 교직원에게 도착한

메시지이다. 이 메시지를 보낸 교사는 예년에도 수업 공유에 적극적이었고, 학교에 근무한 지도 오래된 사람이었다. 이날 수업에는 몇 명이 들어왔을까? 교장과 교감, 학급 담임교사까지 총 3명뿐이었다. 하지만 이와 같은 방식의 수업 공개가 가능하다는 인식이 교사들 사이에 싹텄다. 모든 게 낯설기만 한 3월 초, 학교 문화에 작은 씨앗을 뿌린 것이다. 이후 교장, 교감을 포함한 많은 교사들이 서로의 수업을 형식 없이 공유하기 시작했다.

이와 같이 단발성으로 수업을 공유하는 경우는 정기적인 수업 공유와는 다른 양상이다. 학생들과 함께 활동하기보다 참관자로 수업에 참여한다. 대신 수업을 공유하는 목적이 비교적 분명하다. 학교의 특정 공간 활용 방법을 배우기 위해, 담임 학급 학생들을 더 잘 알기 위해, 동 교과 교사와 특정 단원 지도법을 상의하기 위해, 특수학급 학생에 대한 지원 방안을 모색하기 위해 교사들은 수업을 공유했다. 창덕여중에 오기 전 경력이 짧았던 이 모 교사는 창덕여중에서 느껴지는 사뭇 다른 수업 분위기를 빠르게 배우고 싶다는 이유로 3월에만 6차례에 걸쳐 다른 교사의 수업에 함께했다.

창덕여중의 교사들은 공강 시간에 다른 교사의 수업을 보러 간다. 복도를 지나가다 교실 창문 너머로 학생들 사이에 앉아 있는 교사를 볼 수도 있다. 점심을 먹으며 자연스럽게 수업과 평가에 대한 이야기를 나누는 교사들을 보고 있노라면, 나도 한번 해 볼까 하는 생각이 드는 것이다.

수업 공유를 가능케 하는 것들

어떻게 이와 같은 확산이 가능했을까? 몇 가지 이유를 생각해 볼수 있다.

첫째, 수업 공유는 의무도 아니고 강제도 아닌 '문화'이다.

먼저 긍정적인 경험을 한 교사들이 있었고, 그들이 자신의 경험을 다른 교사들과 나누며 손을 내밀고 함께할 것을 제안한다. 이 과정은 궁극적으로 열린 교사 문화를 만들어 간다.

둘째, 교사들 사이에 쌓여 있는 '친밀감'이다.

창덕여중에 근무하는 모든 교사가 두루 친하다는 뜻이 아니다. 수업 공유는 학교 문화를 등에 업고, 친한 교사 사이에 제안할 수 있는 일이라는 의미. 창덕여중에 전입해 온 과학 교사는 수업 공유에 참여하며 "수업 공개가 자유로운 분위기라는 말을 듣고 1학기 동안 친해진 옆 자리 선생님께 부탁드렸다."고 시작 동기를 말했다. 수업을 누군가에게 보여 준다는 것은 모든 교사에게 부담스러운 일이다. 그래서 친분이 있는 동료에게 부탁한다. 문화만으로 해결되지 않는 부분을 친밀함이 채워 준다.

셋째, 교사들이 본질적으로 갖고 있는 성장에 대한 '바람'이다.

모든 교사는 수업을 잘하고 싶은 바람을 갖고 있다. 이를 위해 다른 교사의 수업을 보는 것이 큰 도움이 된다는 점은 거창한 근거를 들지 않더라도 모두 알고 있는 사실이다. 그래서 다른 교사의 수업을 보고, 자신의 수업을 봐 줄 동료를 원한다. 수업에 들어가도 되냐는 요청을 2018년과 2019년에 똑같이 받은 음악 교사는 2018년에는 거절했지만, 2019년에는 수락했다. 처음에는 부담감 때문에 거절했지만, 거절하고 나니 자신의 수업에 대한 이야기를 나누고 피드백을 받을 수 있는 기회였다는 생각이 들었고, 2019년에는 기꺼이 수락했다. 동 교과 교사가 없는 교과의 특성상 성장의 바람이 작동했다.

마지막으로, 함께 고민해 주는 동료에 대한 '믿음'이다.

이미 형성된 문화, 친밀한 동료, 성장에 대한 개인적 바람이 있더라도 수업 공유는 쉽지 않은 일이다. 이때 일반적인 수업 공개와 수업 공유는 큰 차이가 있다. 주 3회 수업을 공개했던 과학 교사는 수업을 몇 번 공유하고 나면 참관하는 교사들이 나를 평가하거나 지적하려는 의도가 없다는 것을 깨닫게 되고, 오히려 조력자라는 생각이 들어 즐길 수 있었다고 말했다. 평소와 다른 모습을 보일 필요가 없는, 믿을 수 있는 동료라는 인식이 있다.

수업 공유에 대한 기록

수업을 공유한 후 협의회를 진행하는 것 또한 교사의 자율에 맡긴다. 단, 후기를 남기고 싶은 교사는 올해 학교 교직원 누구나 들어올 수 있는 온라인 공유 문서에 기록한다. 이 기록 역시 의무는 아니지만, 다른 사람의 참관 후기를 보며 수업 공유에 조금 더 마음이 동하거나, 다른 사람의 수업 고민을 엿볼 수 있다.

기록에 있어 온라인 공유 문서는 큰 역할을 한다. 누구나 글을 남기고 싶으면 자신의 이름으로 된 탭을 만들어 이 안에서 자유롭게 수업에 대한 고민, 수업 참관록, 최근 공부하고 있는 자료 등을 공유할 수 있다. 이 공유 문서는 2016년에 소규모로 시작하여 확대된 수업 성찰 모임의 연장선에 있다.

2016년, 수업 성찰 모임의 시작

교사는 자신의 교육활동에 대한 성찰을 통해 가장 많이 성장한다. 교사마다 방식과 수준은 다르지만, 대부분의 교사가 자신의 교육활동에 대해 성찰한다. 그러나 바쁜 일상 속에서 기록의 형태로 정리하지 못한 채 기억에 의존하는 경우가 많다. 교육활동을 통해 얻은 실천적 지식이 축적되거나 공유되지 못하는 것이다. 수업을 제대로 성찰하지 못하고 있다는 반성이 일부 교사 사이에서 나오기 시작했던 2016년 1학기, 6명의 교사가 모여 교사의 자발성과 자율성을 기초로 성찰일기 모임을 만들었다.

당시 이 모임은 친한 교사 몇이 모인 사조직이었다. 한 달에 2편

이상 성찰일기를 작성하고, 월 1회 오프라인 모임을 갖자는 최소한의 규칙을 세웠다. 수업이 중심 주제였으나, 학급 운영, 행정업무, 개인적인 고민 등으로 확대되었다. 월 1회 진행된 오프라인 모임에서는 온라인 성찰일기를 소재로 깊이 있는 대화가 오고 갔으며, 경우에 따라 열띤 토론이 벌어지기도 했다. 이 모임에서 친밀함을 쌓은 2명의 교사가 2017년 1학기에 처음으로 정기적인 수업 공유를 시작했으니, 2019년의 수업 공유가 가능케 한 시초가 된 모임이었던 셈이다.

이후 2016년 2학기부터 전체 교사에게 수업 성찰 모임을 소개하고, 함께할 사람을 모집하며 수업 성찰반은 그 규모를 키웠다. 그 결과 2016년 2학기에는 10명, 2017년에는 14명이 참여했고, 온라인 공간에 더 많은 글이 실렸다. 하지만 2018년에는 4명으로, 그 참여가 현저히 줄어들었다.

2019년부터는 수업 성찰 모임을 별도로 만들지 않고, 모든 교사가 접근할 수 있는 공간에 기존의 공유 문서를 가져다 두었다. 그리고 '성찰'이라는 다소 무거울 수 있는 키워드를 '공유'로 옮겼다. 소규모 모임이라는 틀을 벗어나 모든 교사가 언제든 들어와 들여다볼 수 있도록 문을 개방한 셈이다. 자신의 수업을 소개하고, 수업을 하면서 생긴 고민거리를 나누는 공간에서 수업 공유와 참여에 대한 후기를 함께 접할 수 있다.

이처럼 4년 동안 수업 성찰 모임은 우여곡절 끝에 수업 공유 문화를 만들었고, 그 안에서 교사들은 수업과 고민을 서로 나누었다. 이따금 바쁜 일과 시간을 쪼개 다른 교사의 수업에 들어가는 것이 버겁거나, 학기초 시간표를 옮기는 것이 불편할 수도 있었다. 하지만 중요한 것은 이와 같은 공유가 어떤 형태로든 지속되어야 한다는 점이다. 더 확산시키기 위해 강제하는 요소를 키울 것인지, 자유로움에 초점을 두어 더 편안한 참여가 가능케 할 것인지는 앞으로 계속 고민해 나가야 할 것이다. 하지만 한 명의 구성원이 고민하여 전체에게 통보하는 방식으로 시스템을 만드는 것은 아닐 것이다. 어떤 방법을 택하든, 다 함께 틀리지 않은 방향으로 갈 것이라고 믿는다.

미래학교 토크콘서트

우리는 대화가 필요해

학교의 변화를 얘기하는 지금, 우리에게는 서로의 교육적 신념과 실천, 그리고 상상에 관한 대화가 필요하다. 학교 현장의 교사에게는 더욱 그렇다. 많은 교육 혁신가들이 다양한 학교 사례를 분석하며 학교의 변화는 개인적인 노력의 성취로는 불가능하다고 말한다. 학교 혁신을 위해서는 학교가 직면한 여러 가지 문제, 교사의 실천과 성장에 영향을 주는 문제를 공론화하고, 경험을 갖고 있는 교사들의 이야기를 공유하는 것이 필요하다. 이것은 일종의 학교 내 혁신의 확산이기도 하다.

이 과정에서 개별 교사는 물론이고, 학교라는 집단도 학습을 한다. 여기서 중요한 것은 소수의 리더가 혁신을 이끌어 가는 것이 아니라, 모두가 혁신의 주체이자 전문가로서 참여하는 것이다. 개별 교사가 지닌 전문가로서의 면모를 발견하고, 전문가로서의 대화, 전문가로서의 지식을 공유해야 한다.

그러나 보통의 학교에서는 개별 교사의 실천과 신념을 엿볼 기회를 만나기 어렵다. 어림잡아 추측할 뿐이다. 어쩌면 사적으로 친한 관계가 되어야 비로소 만날 수 있는 기회인지도 모른다. 게다가 일반적인 학교 문화에서는 교육을 주제로 동료들과 대화를 나누는 것이 익숙하지 않다. 그래서 교육자의 대화에서 교육이 없는 경우를 종종 발견한다. 교육은 개인의 가치를 떼어 놓고 말할 수 없어서인지, 이러한 대화는 종종 논쟁을 유발하기도 한다. 또 상상하는 바를 이야기하는 것이 금기시되는 경우도 많다. 새로운 상상이 새로운 일거리로 이어지는 것에 대한 부담감이 존재하기 때문이다.

이러한 상황에서 특정 주제에 대해 생산적인 토론을 진행하기란 더더욱 쉽지 않다. 내 옆 동료 전문가의 교육활동 경험과 고민, 상상 등을 공유하지 못하는 것이다. 물론 대화의 필요성을 느끼지 못하거나 대화의 방법을 모르는 것이 원인이기도 하다. 또 교육을 주제로 한 대화에 관심이 없거나, 혹은 대화에 대한 피로감과 상처가 존재할 수도 있다. 환경적으로는 교육적인 대화를 진솔하게 나눌 수 있는 학교 안팎의 여건이 마련되지 못한 것도 원인이다.

교사들의 토크콘서트의 시작

이러한 고민이 모여서 2017년부터 자발적 참여자에 의해 토크콘서트가 시작되었다. 동료 교사의 혁신 경험에 공감하고, 새로운 상상을 나누기 위한 장(場)이 만들어진 것이다.

2017년 토크콘서트를 시작할 당시에는 1년에 2회 정도 실시할 계획을 세웠다. 학기별로 교사의 현장 연구 및 실천 경험을 나누는 시간을 갖자는 의도였다. 그러나 첫 토크콘서트가 시작된 이후 거창한 연구 모임이기보다는 소소한 토론 모임의 성격이 보다 적합하다는 의견이 공감대를 이루었다. 실제로 토론하고 싶어 하는 주제가 많기도 했다. 그러다 보니 자연스럽게 월 1회 진행하게 되었고, 비공식적인 모임의 성격을 갖기 위해 퇴근 시간 이후에 모였다.

토크콘서트의 주제는 주로 교직원의 추천과 현안 문제로 선정되었다. 교육활동과 관련된 모든 것이 주제가 되는 것이다. 주제를 정하면 발표자를 섭외하는데, 보통 한 주제당 2~3명으로 하였다. 발표자는 공개 모집하였고, 주로 동료 교사의 추천을 거쳐 미래연구부에서 섭외했다. 지금까지 섭외 과정에서 거절하는 사람은 없었다. 오히려 섭외된 발표자가 강연 주제와 형식을 제안하는 적극적인 모습을 보이는 경우도 있었다. 발표자에게는 우수사례의 나열이 아닌, 성공과 실패의 경험, 상상과 제안을 담아 달라고 요청했다. 대주제는 미래연구부에서 주로 정하고, 구체적인 주제는 발표자가 정했다.

미래연구부에서는 소주제 제목을 넣어 포스터를 제작하고 홍보했다. 또 온라인 설문지를 만들어 참가 신청 및 사전 질문을 받아서 발표자에게 전달했다. 발표 형식은 자유로웠으나 대체로 파워포인트를 사용했다. 한 명에게 15~20분 정도의 발표 시간이 주어졌고, 모든 발표가 끝나면 약 한 시간 정도 질의응답을 포함한 토론 시간을 가졌다. 발표자의 의견뿐만 아니라 참여자 모두의 경험과 제안이 공유되기 때문에 모든 참여자가 주인공이 되는 시간이었다.

토크콘서트에서는 교육과정, 학교 문화, 학습 환경 등 다양한 영역에서 혁신적 경험을 이미 시도했거나 고민 중인 교사가 먼저 사례를 공유한 후 청중과 토론을 진행했다. 본인이 고민하고 있는 미래교육적 시도가 어떤 의미였고, 나름의 성과와 한계는 무엇인지를 구성원과 공유하는 자리였다. 미래교육의 구체적인 모습을 학교 차원에서 정하기보다는 토크콘서트와 같은 공개된 공간에서 공론화하고, 구성원의 해석과 토론을 통해 각각의 시사점을 자신의 수업과 학교의 각종 활동에 반영해 갔다.

해야 하는 이야기가 아닌, 하고 싶은 이야기

토크콘서트는 공적인 대화 공간이다. 은밀하고 비공개적으로 이루어지는 사적 대화와는 다르다. 보통 학교에서 공적으로 이루어지는

창덕 토크콘서트 홍보 포스터 중 일부

대화는 어떠한가? 무언가를 해야 하는 이야기, 의무적으로 하게 만드는 이야기이다. 공감과 공유보다는 전달과 과제 제시를 목적으로 하는 경우가 많다.

그러나 토크콘서트는 발표자가 하고 싶은 이야기이자 청중이 듣고 싶은 이야기를 소재로 삼는다. 물론 그러한 이야기에 흥미 없는 사람들도 있을 것이다. 다만, 혁신적인 경험을 하고 있는 교사에게는 자신의 고민을 알리고, 확산의 물꼬를 트는 기회가 된다. 참여한 청중에게는 비슷한 경험을 하고 있는 내 곁의 동료를 찾는 기회이자 배움의 공간이 되기도 한다. 토크콘서트는 그러한 경험을 자유롭게 나눌 수 있는 아고라 광장 같은 역할을 한다. 발표자의 경험을 채택하는 것은 청중의 몫이다. 퇴근 시간 이후에 진행되었던 토크콘서트가 유지될 수 있었던 것은 '자신에게 이익이 된다면 참여한다'는 원칙이 자리 잡고 있었기 때문이다.

교사는 모두가 전문가

교사는 실천가임과 동시에 현장 연구자이다. 개인마다 특별히 강조하는 신념이 있거나 실천 분야가 있다. 같은 과목, 같은 학년을 가르치고, 같은 교실을 사용하더라도 차별화되는 자신만의 고유 영역이 있다. 어떤 교사는 활동을 통해 아이들과 즐겁게 노는 수업에 노하우를 갖고 있는가 하면, 어떤 교사는 아이들 앞에서 스토리텔링 하는 노하우를 갖고 있다. 어떤 교사는 앞서가는 아이들을 지도하는 데 노하우가 있는가 하면, 어떤 교사는 뒤처지는 아이들의 지도법에 노하우를 갖고 있기도 하다. 어떤 교사는 독서교육이 미래교육이라고 얘기하는가 하면, 어떤 교사는 융합교육이 미래교육이라고 얘기할 수도 있다. 즉, 고유 영역을 문장으로 표현하지 않더라도 교사마다 자신의 신념과 관심사를 반복적으로 실행하며 나름의 노하우를 만들고 있는 셈이다.

수년을 학교 현장에서 보낸 교사들은 전문가로서의 자격을 충분히 지니고 있다. 우리는 이러한 전문가들을 곁에 두고 있는 것이다. 동료 전문가로부터 소소하지만 살아 있는 이야기를 듣는 것은 어떠한 책이나 우수 강연자의 이야기보다 강력할 수 있다. 토크콘서트는 내 곁의 전문가를 인정하는 공간이며, 우리 모두가 전문가임을 확인하는 공간이다. 그래서 토크콘서트의 초기에는 "우리는 우리로부터 먼저 배운다."라는 구호를 내세우기도 했다.

이슈 발굴과 여론 형성

어떤 조직이든 다수가 말하고 싶은 이야기가 존재한다. 다수가 말하고 싶은 이야기는 곧 다수가 듣고 싶어 하는 이야기이기도 하다. 이슈는 논쟁으로 이어지기도 하지만 새로운 성장을 품은 씨앗이기도 하다. 따라서 이러한 이슈가 학교 내에 존재한다는 것은 희망적이다.

토크콘서트는 이슈를 찾고, 공적인 공간에 꺼내 놓는 역할을 한다. 사적인 공간 혹은 작은 조직에서 이야기되는 것들을 공론화하는 것이다. 공식적인 회의보다는 좀 더 자유롭고 편안한 분위기, 그리고 자발적인 참여 공간이기 때문에 공적으로 이야기를 나누는 것에 대한 부담이 덜하다.

토크콘서트에서 나눈 이야기가 어떻게 처리될지에 대해서는 알 수 없다. 해당 이슈에 얼마나 공감했는지에 따라 혹자의 이야기에 머물 수도 있고, 여론이 될 수도 있다. 실제 토크콘서트에서 나눈 이야기 중 일부는 공식 회의의 안건으로 이어지기도 했다.

창덕여중의 연구학교 공개 보고회인 '미래학교 공유회'는 2017년부터 토크콘서트 형식으로 진행되고 있다. 토크콘서트가 교육적인 대화를 나누는 플랫폼이 된 것이다. 참여 대상에도 다양한 시도가 있었다. 2018년에는 전국 교사들에게 개방하여 함께 대화하는 시도를 하였다. 평일이었음에도 전국 각지에서 많은 교육자들이 찾아왔고, 진솔한 대화를 나눴다. 교사만이 아니라 전문 연구자, 정책 기획자, 편집자 등도 참여했다. 미래학교가 더 이상 담론이 아닌 실체를 이야기하는 데 토크콘서트가 플랫폼 역할을 한 것이다. 2019년에는 학생과 학부모가 함께하는 토크콘서트를 통해 학교가 당면한 문제를 해결하고자 했다.

토크콘서트에서의 값진 경험

토크콘서트는 교사들의 자발성에 기초하고 있다. 바쁜 일상 속에서 참여를 이끌어 내는 것이 쉽지는 않다. 적절한 주제를 선정하고, 일정을 맞추는 것은 현실적인 어려움이기도 하다. 그러나 토크콘서트는 '개인의 이익은 물론 학교의 이익에 도움이 된다고 판단한 교사들의 참여'에 대한 믿음으로 시작했다. 발표자가 전달하는 내용과 실질적인 토론도 유익하지만, 모두가 주인이 되는 문화를 경험하는 것, 수평적인 관계에서 누구나 허심탄회하게 자신의 이야기를 할 수 있는 것, 내 옆의 동료 전문가를 만나는 것은 참여자가 얻을 수 있는 가장 큰 이익이다.

토크콘서트에 참여한 교사들

토크콘서트의 주인은 학생들의 교육활동과 관련한 학교 구성원 모두이다. 발표자가 된다는 것은 토크콘서트의 주인을 넘어 학교의 주인으로서 자신의 관심과 흥미, 능력을 드러내는 일이다. 공동의 문제를 해결하기 위한 협력의 주체가 되는 것이다. 소박한 경험을 공유하는 자리이지만, 학교가 직면한 문제에 대하여 교사가 지닌 경험과 사례, 통찰은 문제 해결의 실마리를 제공하기도 했다.

발표자에 대한 인센티브는 토크콘서트 기념 배지가 유일하다. 그럼에도 불구하고 발표자가 끊이지 않았던 것은 물질적인 보상보다 학교의 주인, 미래교육의 주인으로서 기여한다는 내적인 만족감이 충족되었기 때문일 것이다.

토크콘서트를 통해 연구하고 실천한 교사들이 수평적인 관계에서 만나서 실제적인 토론을 하는 문화를 만들어 가고 있다. 행정업무 중심의 학교, 위계가 분명한 관료주의 학교 문화에서 교사가 집중해야 할 교육활동의 주제를 발굴하고, 교사들이 자신의 전문성을 마음껏 발휘하고 공유할 수 있는 자리가 될 것이다.

학교 문화에 대한
교사들의 이야기

창덕여중의 학교 문화는 많은 궁금증을 자아낸다. 학교 문화를 소개할 때마다 어떻게 가능했는지, 현재에 충분히 만족하는지, 앞으로는 어떻게 변해 갈 것으로 전망하는지 등의 질문을 받았다. 이에 대해 전임 교장과 3명의 교사 및 연구사가 이야기를 나누었다.

이화성 : 전 교장(2014~2018)
전명재 : 전 창덕여중 교사(2015~2019)
이은상 : 창덕여중 교사(2015~)
김동건 : 창덕여중 교사(2017~)
이은주 : 창덕여중 교사(2018~)

이은상 : 여러분, 반갑습니다. 학교를 떠난 분들까지 이렇게 한 자리에 모이니 이 자리가 더욱 소중한 것 같습니다. 창덕여중의 학교 문화에 대해 편하게 이야기를 나누는 자리가 되기를 바랍니다.

이은상 : 첫 번째 질문은 창덕여중의 학교 문화가 구성원의 능력인지, 아니면 시스템인지에 대한 것입니다. "창덕여중의 현재 문화는 지속가능할까요?" 우리는 이런 질문을 많이 받고 있습니다. 미래학교는 교사의 개별 능력으로 유지되는가, 시스템으로 유지되는가의 문제이기도 한 것 같습니다.

전명재 : 창덕여중의 문화가 지속가능하려면 시스템과 인적 구성 모두 필요합니다. 외부에서는 창덕여중이 인적 구성에 많이 의존한다고 말합니다. 학교를 떠나 보니, 창덕여중의 교사들이 교육의 본질에 대해 정말 많은 이야기를 나눴다는 것을 느꼈어요. 많은 대화 속에서 현재의 문제를 인식하고, 함께 문제를 해결하기 위해 노력했죠. 이것은 교사의 역량으로만 가능한 것은 아니고, 이를 가능케 한 '토론'과 '회의' 문화가 있었기에 가능했다고 생각해요. 다른 학교의 경우 '토론이 있는 회의'라고 해도 몇몇 구성원의 의견에 의해 의사가 결정되는 경우도 많은 것 같아요. 그러나 창덕여중의 회의에서는 모든 구성원이 자신의 생각을 이야기하고, 그에 대해 지지를 하거나 반박하는 것이 자연스러웠어요. 허용적인 분위기와 토론하는 문화가 있었기에 가능했던 것 같습니다.

김동건 : 저도 비슷한 경험인데요. 창덕여중에 오기 전에는 하고 싶은 것이 많아도 '이런 것은 학교에서 할 수 없다.'는 현실적인 타협을 하던 교사였습니다. 그런데 창덕여중에 와서 그런 것들을 조금씩 풀어 볼 수 있었습니다. 우리 학교 선생님들의 역량이 높다고 하지만, 이것은 선생님들의 잠재적인 역량이 발현되었기 때문에 그렇게 보이는 것이라고 생각합니다. 다른 학교 선생님들은 신규교사 시절에 많은 역량을 갖고 있다가도 점차 꺾이는데, 창덕여중에서는 오히려 그 반대인 것 같습니다. 결국 창덕여중은 교사들의 잠재성을 키워 주는 시스템을 갖고 있고, 그 시스템 안에서 선생님들이 조화를 이루고 다시 시스템을 발전시키며 상호작용하는 관계라고 생각합니다.

이화성 : 처음 창덕여중의 시스템을 구상할 때 지속가능성을 중요하게 생각했습니다. 교장과 교사가 바뀌어도 지속가능해야 다른 학교에서도 실현 가능하니까요. 학교를 떠난 지금 창덕여중의 시스템은 지속가능하다는 것을 느낍니다. 창덕여중의 시스템과 문화가 더 발전하고 있는 모습을 보니, 처음 의도했던 지속가능성은 유지되는 것 같아요.

이은주 : 저는 창덕여중에 오기 전에 제가 이런 잠재성을 갖고 있는지 몰랐어요. 도전하지도 않았고, 이런 문화가 있을 것이라고 생각해 보지도 못했고, 이런 문화가 가능할 것인지에 대한 의심이나 궁

금증도 갖지 못했어요. 창덕여중에 와서 다양한 경험을 쌓다 보니 '다음엔 이런 걸 해 볼까?' 하는 용기가 생겼어요. 제 의견을 표현할 때 모든 구성원이 귀 기울여 들어주고 도와주려는 문화를 많이 느꼈어요. 구성원 각각의 색깔을 유지하면서도, 다른 동료를 존중해 주는 문화가 함께한 시스템이기 때문에 유지될 수 있다고 생각해요.

이은상 : 선생님들의 말씀을 들어 보니 구성원의 개별적인 능력을 꽃피울 수 있는 분위기나 문화가 학교 안에 형성되어 있다는 점에는 대체로 동의하는 것 같습니다. 창덕여중의 시스템은 공장에서 물건을 만들어 내는 단계적인 절차를 의미하기보다는, 개인이 역동적으로 움직일 수 있도록 촉진하는 시스템을 의미한다는 생각이 듭니다. 앞으로도 이러한 시스템을 유지하고 발전시켜 나가려는 노력이 계속된다면 창덕여중의 미래학교 여정은 얼마든지 지속가능할 것입니다.

이은상 : 그렇다면 창덕여중의 어떤 면이 이와 같은 시스템을 만들었을까요?

김동건 : 제가 창덕여중에 와서 느낀 것은 허용적이고 수평적인 분위기예요. '나는 어리고 경력이 낮은 교사니까 의견을 내면 안 돼.' '나는 부장이 아니니까 부장 회의에 가면 안 돼.' 등의 고정관념을 깰 수 있었어요. 당연하다고 생각하던 것을 다시 고민해 보고 고쳐

나가는 과정을 점차 겪게 되었어요. 당연한 것을 당연하지 않게 바라보는 날카로운 눈, 그 날카로운 눈을 가진 교사들이 소통을 통해 좋은 산출물을 만들어 내는 것이었어요.

이화성 : 무엇이 지속가능하게 만들었는가에 대해 허용적 분위기, 당연하지 않게 바라보는 눈을 말씀해 주셨는데요, 저는 '작은 성공의 경험', '성취의 경험'도 교사들에게 굉장히 중요했다고 생각합니다. 실제로 선생님들의 좋은 제안이 학교의 운영 방식이나 문화를 변화시키는 경험을 하고 나면 훨씬 더 적극적으로 행동하더군요. 약간은 의도한 경험도 있었지만, 성공이나 성취를 경험하고 난 선생님들이 더욱 적극적으로 학교의 구성원이 되어 간다는 느낌을 받았어요.

이은상 : 참여를 통한 작은 성공의 경험이 결국 '당신이 학교의 주인이다.'라는 것을 느끼게 해 주는 문화로 이어졌다는 말씀이군요.

김동건 : 저 역시 작은 성공이 굉장히 중요한 것 같아요. 보통은 작은 성공이 아니라, 소소한 좌절감이 누적되는 경우가 많으니까요.

이화성 : 모든 교사가 굉장히 훌륭한 분들인데, 그 능력을 다 펼치지 못하는 것이 정말 안타깝죠. 작은 성공의 경험이 누적되는 과정이 학교 단위에서 확산된다면, 저는 다른 학교도 굉장히 빠르게 변

화할 것이라고 생각합니다.

전명재 : 창덕여중의 학교 문화나 시스템이 가능했던 이유 중 하나는 학교장의 리더십이라고 생각해요. 선생님들이 스스로 할 수 있고, 하고 싶게 만드는 허용적인 분위기가 형성되고, 지지를 통해 성공의 경험들을 체험하고 쌓다 보니, 모두가 주체가 되는 문화가 서서히 만들어졌던 것 같습니다. 허용적인 리더십이 이를 가능케 한 주요 지점이라고 생각합니다.

김동건 : 이에 더해 학교장의 울타리 역할도 중요하다고 생각해요. 학교에서 교사들이 다양한 도전을 할 때는 다양한 위험 부담이 또한 발생할 수 있는데, 학교장이 교사들의 도전을 뒤에서 지지해 주었기 때문에 과감하게 도전할 수 있었어요.

이은상 : 자신의 의견이 반영되어 학교가 긍정적으로 변화하는 경험이 상당히 중요하겠군요. 이를 지원하는 학교장의 역할도 마찬가지고요. 이러한 문화가 만들어지기 위해서는 교사들에게 큰 책임도 따를 텐데, 창덕여중의 교사는 어떤 점에서 가장 많이 성장했을까요? 일반학교에 근무할 때보다 미래학교의 어떤 점이 구성원의 성장을 촉진했을까요?

이은주 : 『프레임』이라는 책에는 우리가 늘 관성적으로 하던 것들

에서 최선의 결정을 내리려면, 내가 하는 모든 작은 행동이 내가 보고 있지 못한 프레임 때문이 아닌가 하고 늘 의심하라는 문구가 있어요. 창덕여중이 다른 점은 여기에 있는 것 같아요. 일반적으로 학교 회의에서는 '이런 것은 원래 학교장이 결정하는 것 아닌가?' 혹은 '작년에도 이렇게 해 왔으니까.'라는 생각으로 많은 의사결정이 이루어지죠. 그런데 창덕여중에서 제가 처음 참여했던 전체 교직원 회의에서 교장선생님은 제게 "선생님은 외부인의 시각에서 우리가 하고 있는 것들이 다르게 보일 것 같아요. 선생님의 개인적인 생각이나 경험을 얘기해 주세요."라고 말씀하셨어요. 그렇게 제게 발언권을 주셨어요. 다양한 시각에서의 성찰, 의심을 듣고 결정하려는 문화를 겪고 나니, 저 역시 제 수업이나 교직 생활에서 '내가 너무 이런 것들을 당연시했던 것은 아닌가?', '개선할 점은 없을까?'라는 성찰을 자연스럽게 늘 하게 되었어요.

김동건 : 저는 명백히 수업과 평가였던 것 같아요. 제가 창덕여중에서 처음으로 한 학습공동체가 평가와 관련된 학습공동체였어요. 전 학교에서는 행정업무는 많이 해 봤지만, 수업에 대한 고민을 많이 하진 않았죠. 그런데 창덕여중에 오고 나서 수업과 평가에 대한 능력치를 많이 끌어올릴 수 있었어요. 이는 학습공동체와 일상의 수업 대화의 영향이 컸던 것 같아요. 대부분 학교 밖에서 수업 얘기하는 것을 꺼려 하는데, 창덕여중에서는 수업에 대해 이야기하는 것이 아무렇지 않고, 진지하게 오가요. 점심 먹으며 수업과 학교 현안에 대

해 이야기하는 것이 굉장히 자연스럽고 발전적인 방향인 것 같아요.

전명재 : 보통 교사들은 학생들 이야기를 많이 하게 되죠. 교사로서 수업에 대해 어떤 고민을 갖고 있는지에 대해서는 잘 이야기하지 않는 편이에요. 예전의 저도 그랬고요. 그런데 창덕여중에서는 회식 자리에서도 어떻게 하면 수업이 더 좋아질까 하는 고민과 사례를 공유하게 돼요. 이렇게 조금씩 전문가가 되어 가는 느낌을 갖게 된 것 같아요. 교사로서 마땅히 해야 하고, 하고 싶었던 것들을 동료와 이야기하다 보니 교사로서의 자존감과 자신감이 커졌고, 더 적극적으로 나설 수 있게 되었어요.

이은상 : 창덕여중은 교사로서 다양한 경계에 직면할 수 있는 학교라는 생각이 들어요. 동료와 동료와의 경계, 교과와 교과와의 경계, 법 제도와의 경계, 타인의 인식과의 경계 등이 있는데, 이 학교에서는 그런 것들에 직면해 볼 수 있는 경험을 주고, 그것이 우리에게 어떤 의미인지를 묻고, 그 의미를 해석할 수 있는 기회를 주죠. 그 어떤 학교에서도 하기 힘든 경험이라고 생각해요. 그렇다고 창덕여중에서 다양한 경계에 직면하는 것이 편안하고 안전하다는 것은 아니에요. 그러나 창덕여중 구성원으로서 과감하게 경계에 직면하고, 동료들과 그 의미를 해석해 보고, 그것을 확장해 보는 과정을 겪으며 교사로서 한층 성장하고 성숙해졌다는 생각이 드네요. 개인적으로는 이런 학교가 더 늘어났으면 좋겠다고 생각해요.

지금까지 의미 있는 이야기 나눠 주셔서 감사합니다. 학교 문화의 정착과 발전에 대해 교사와 학교장의 역할을 다시 한 번 생각해 볼 필요가 있을 것 같습니다. 이상 대담을 모두 마치겠습니다. 수고하 셨습니다.

제3장

교육과정

미래학교 수업과 평가의 방향

수업의 변화와 학교의 변화

학교가 해야 할 수많은 일 중에 가장 먼저 고민해야 하는 것은 두말할 여지없이 수업이다. 수업의 변화 없이 학교의 변화를 이야기할 수 없을 뿐더러, 나아가 수업의 변화가 학교 변화를 주도해야 한다. 그러나 미래학교의 수업 방향을 정하는 것은 쉬운 일이 아니었다.

창덕여중은 학생들의 미래를 위한 방향과 좋은 수업의 조건에 대해 논의했다. 일단 이전의 수업을 분석하고 문제점을 보완하기로 했다. 하지만 혁신이 필요한 경우에는 과감하게 시도하기로 했다.

그동안 수업이 변화해야 한다는 목소리는 많이 있었지만, 실천이 부족했던 것은 사실이다. 우선 수업이 어떻게 변화해야 하는지에 대한 구체적인 목표가 필요했다. 그래서 그동안 수업에 잘 적용되지 못했던 것들을 찾아보고 개선하며, 때로는 부딪치면서 미래학교의 수업을 그려 보기로 했다.

생각하는 능력과 자유로운 표현을 존중하는 학교

흔히 수업 하면 딱딱한 의자에 정자세로 앉아 교사의 가르침을 듣고 있는 학생들의 모습을 떠올린다. 교사는 학생들 앞에 서서 일방적으로 지식을 전달하고, 학생들은 그저 받아들인다. 우리는 이 과정에서 진정으로 배움이 일어나는지에 대한 의문을 갖게 되었다.

교사의 가르침이 아니라 학생의 배움이 중심이 되는 수업에서 꼭 필요한 것은 학생들의 자유로운 생각과 표현이다. 그런데 대부분의 학생들은 자기 생각을 표현하는 것에 익숙하지 않다. 내놓은 답이 틀렸을 때 겪을 상황에 대한 불안감도 있고, 완벽하지 않은 생각에 대한 부끄러움도 있다. 그러나 무엇보다 학교교육에서는 생각하는 경험 자체가 부족하기도 하다. 암기된 지식과 정확한 결과를 요구하는 교육에 익숙하기 때문이다.

미래학교 수업에서는 학생들이 자신의 생각이나 의견을 갖고 표현할 수 있는 과제를 중심에 두고자 했다. 습득한 지식을 통해 사회

현상을 해석하거나, 지식이 실제로 어떻게 활용되고 있는지, 앞으로 어떻게 쓸 수 있는지 궁리해 보도록 했다. 이런 수업을 위해서는 학생들의 의견을 존중하고 허용적으로 반응하는 것이 필요하다. 아울러 표현의 방식에서 어려움을 느끼지 않도록 다양한 표현을 허용하기도 한다.

세계의 기후를 배우고 나서는 오지 탐험 프로그램을 기획해도 되고, 해당 지역의 여행 계획이나 사업 계획을 세워도 된다. 통계 자료를 조사해서 신상품 출시 계획을 세우기도 하고, 기사를 작성하기도 한다. 컴퓨터에 익숙한 학생은 문서를 만들고, 그렇지 않은 학생은 종이에 그려도 된다.

수업의 변화를 위한 제도적인 준비도 함께 이루어졌다. 한 주제에 대해 이해하고 토론하는 데 45분은 충분한 시간이 아니라는 판단에서 두 수업 시간을 합쳐서 진행하는 '블록수업'을 만들었다. 마침 예체능, 실습 교과의 요구와 맞물려 블록수업은 4과목으로 운영이 가능해졌다. 월요일과 수요일은 2, 3교시, 화요일과 목요일은 1, 2교시를 블록수업으로 운영하고 있으며, 실험·실습·토론이 필요한 과목을 블록수업으로 운영한다.

구분	월	화	수	목	금
조회	08:30~08:40	08:30~08:40	08:30~08:40	08:30~08:40	08:30~08:40
1교시	08:45~09:30	08:45~09:30	08:45~09:30	08:45~09:30	08:45~09:30
2교시	09:40~10:25	09:30~10:15	09:40~10:25	09:30~10:15	09:40~10:25
3교시	10:25~11:10	10:25~11:10	10:25~11:10	10:25~11:10	10:35~11:20
4교시	11:20~12:05	11:20~12:05	11:20~12:05	11:20~12:05	11:30~12:15
점심시간	12:05~13:00	12:05~13:00	12:05~13:00	12:05~13:00	12:15~13:10
5교시	13:00~13:45	13:00~13:45	13:00~13:45	13:00~13:45	13:10~13:55
6교시	13:55~14:25	13:55~14:40	13:55~14:40	13:55~14:40	13:55~14:40
		14:50~15:35	14:40~15:25	14:50~15:35	

블록수업 시간표

질문, 경청, 대화, 토론이 살아 있는 교실

학생들의 의견과 생각을 적극적으로 표현하기를 요구하기 때문에 수업에서는 자연스럽게 대화와 토론이 많아졌다. 이렇게 학습 방법이 변화하면서 '학습을 위한 학습'이 필요해졌다. 즉, 학생들이 스스로 질문을 생성하고 대화하는 과정에 집중하는 교수·학습을 교육과정 내에서 진행코자 한 것이다.

2015년에는 1학년을 대상으로 주제 중심 통합수업이 실시되었다. 체계적인 수업으로 구현하기 위해서 2016년부터 '짝토론'이라는 과목을 신설하여 운영하고 있다. 짝토론은 해를 거듭하면서 발전해 왔고, 현재는 1학년에서 질문 만들기(1학기), 인권과 경계 존중(2학기)

을 다루며, 3학년에서는 환경(1학기)과 민주시민(2학기)을 주제로 진행하고 있다. 기사가 다루고 있는 사건에 대해 법적인 판단을 내려 보거나, 교육감 후보의 이름과 이미지가 감춰진 상태에서 정책을 비교하고 어떤 후보가 더 좋은지 토론해 본다. 이 과정에서 교사뿐만 아니라 친구들을 통해서도 배우게 되었고, 배우기만 하는 것이 아니라 가르치기도 했다.

한편 생각을 나누기 위해서는 대화를 위한 규칙이 필요했다. 대화에서는 다른 사람의 의견을 잘 듣고 존중해야 한다. 경청과 존중은 너무 흔하고 당연한 이야기이지만, 의외로 학생들은 수업 시간에 다른 의견을 가진 사람과 이야기해 본 경험이 많지 않다. 학생들은 자신의 의견이 존중받기를 바라고, 다른 사람이 잘 들어주기를 바라는 마음에서 경청과 존중의 필요성을 느낀다.

학생이 스스로 질문을 생성하는 것은 학습의 주도권을 행사하는 대표적인 모습이다. 학생의 질문은 수업의 주체가 학생임을 나타내는 증거이기도 하다. 학생이 질문하기까지는 몇 가지 선행 조건이 있기 때문이다. 먼저 내용을 충분히 이해해야 하고, 자신의 의견을 가져야 하며, 어떤 점에서 지적 고민이 생겼는지 표현해야 한다. 교사는 학생이 질문을 하기까지의 힘든 과정을 이해하기 때문에 대부분의 질문을 허용한다. 자유로운 질문으로 이어지는 수업에서 학생들은 배움에 몰입한다. 이렇게 질문, 경청, 대화, 토론은 미래학교 수업의 수단인 동시에 목표이다.

학생의 삶을 중심으로 하는 교과 융합교육

수업의 목표가 자유로운 소통과 대화를 통해 스스로 배우는 학생을 만드는 것이라면, 수업에서 다루는 내용은 학생들의 삶과 밀접하게 연결된 것들이다. 우리 주변의 문제는 수업에 다양한 의미를 부여한다. 학생들의 경험이 모여 새로운 경험을 만들기도 하고, 다양한 교과가 모여 새로운 지식을 만들기도 한다. 우리 역사 속 왕들을 외국 학생들에게 소개하는 글을 쓰기 위해서는 역사적 사실을 이해함과 동시에 영어 표현을 함께 익혀야 한다. 더 의미 있는 과학 실험값을 구하기 위해 수학의 대푯값의 아이디어를 활용하기도 한다.

지식은 그 자체로도 의미가 있지만 활용할 때 더욱 빛난다. 배운 내용으로 우리 주변에서 일어나는 일을 설명하고 해결하는 과정은 수업에 대한 설득이다. 배워야 하는 이유를 교사가 정리해서 설명하지는 않아도, 학생들은 스스로 배움의 필요성을 깨닫는다. 배움의 의미는 결국 학생의 삶 속에 있어야 하며, 그 과정에서 융합은 자연스러운 흐름이다.

목표, 내용, 방법, 평가가 연계되는 교육

수업을 위한 고민 중 마지막은 수업의 형식이다. 효과적인 배움을 위해 수업과 평가의 목적을 분명히 하고, 목적에 맞게 조직하는 것이다. 가장 먼저 수업의 목표를 분명히 해야 한다. 수업이 지식 전달에서 그치지 않도록 한 학기 동안 목표하는 학생의 변화를 명확히 설정하는 것이다. 수업 설계는 목표를 달성하기 위해 수업 내용을 조직하고, 수업 방법을 궁리하는 단계이다.

평가에 대한 인식은 크게 변했다. 과거의 평가가 입시를 위한 도구로 기능했다면, 지금의 평가는 학생들의 학습 상황을 진단하고 지원하는 도구로 자리 잡아 가고 있다. 창덕여중은 미래학교가 출발한 2015년부터 중간고사를 없앴다. 중간고사의 빈자리는 수업 시간에 실시하는 형성평가가 메웠다. 수업 시간에 학생들의 생각을 파악하기 수월해졌고, 교사는 즉각적인 피드백을 제공할 수 있었다. 수업 진도에 어려움을 겪는 학생들을 위한 조치도 생겨났다. 이 흐름은 개별화 교육을 위한 움직임으로 점점 발전했다.

물론 이런 일들이 단기간에 완성되지는 않았다. 일방적인 조치에 대한 반감도 있었고, 중간고사가 없어서 공부를 안 한다는 원성도 들었다. 교사들조차 평가에 대한 인식이 빨리 바뀌지 않아서 이 과제가 진단 도구로 적절한지 동료들과 오랜 시간 고민했다. 그럴 때마다 수업의 목적과 평가의 목적을 떠올렸다. 결론은 간단했다. 수업은 학생들의 미래를 준비시키는 과정이고, 평가는 수업의 목적이 잘 달성되고 있는지 점검하는 도구이다. 목표, 내용, 방법, 평가를 수업의 목적에 맞도록 자연스럽게 연계시키는 것이다.

2
학교교육에서의
개별화 수업

개별화 수업의 시작

교사의 고민

수업이 힘든 이유 중 하나는 학생들이 너무 다양하기 때문이다. 만약 한 교실이 동일한 학생으로 구성된 학습 집단이라면, 해당 학습 집단에 적합한 하나의 학습 방법을 처방할 수 있다. 그러나 실제 교실은 그렇지 않다. 『교사도 학교가 두렵다』에는 널브러진 아이들, 공부하는 아이들, 마냥 행복한 아이들의 이야기가 나온다.

'널브러진 아이들'은 이미 누적된 학습 공백과 무기력으로 수업에 따라올 수 있는 몸이 아니었고, '공부하는 아이들'은 수업에 성실히 참여하는 것이 학습 전략상 효율적이지 않았으며, '마냥 행복한 아이들'은 학교가 즐거운 곳이었으나 수업에 참여하기 위해 학교에 온 것은 아니었다. 실제 교실 속에는 이 세 그룹의 학생만 있는 것이 아니라 훨씬 더 다양한 학생들이 복잡한 모습으로 존재한다.

학생들은 학교 밖에서는 모든 것을 선택한다. 화장품 색깔도 선택하고, 프로필 사진도 선택한다. 그런데 아무것도 선택할 수 없는 학교 안 표준화 교육이 얼마나 답답할까? 학습목표를 달성하기 위해서 모두가 단 하나의 경로를 달려야 하는 것은 아니다. 학생 개인에게 맞는 더 적절한 학습 내용과 학습 방법, 평가 활동이 있다. 다양한 학생들에게 각기 다른 경로를 제공하는 수업 디자인이 필요하다.

개별화 수업과 학습 플랫폼

개별화 수업(Differentiated Instruction, DI)의 주창자인 캐롤 앤 톰린슨(Carol Ann Tomlinson)에 따르면, 개별화 수업이란 교사가 학생들의 준비도, 흥미, 학습 양식 등의 차이를 예상하고, 이에 부응하여 학습 내용, 학습 과정, 학습 결과에 대한 다양한 접근을 사전에 계획하고 실천하는 수업을 의미한다. 쉽게 말해 개별 학생들의 특성을 존중하여 디자인한 수업이다. 개별화 수업을 적용하기 위해 학생들에게 최대한 선택권을 부여하고, 학생 스스로 학습 과정을 조절하며, 개별 학생을 관찰하고 피드백할 수 있는 수업 구조를 고민했다.

개별화 수업을 진행하기 위해서는 교실 속 교사가 여러 명이 되어야 했다. 학생별로 진행 중인 학습활동이 다르므로 각기 다른 도움을 제공해야 하기 때문이다. 그래서 학습 플랫폼을 활용했다. 여기서 학습 플랫폼은 학습 경로를 안내하고, 학습 과제가 제시되며, 학습 결과가 축적되는 온라인 공간을 의미한다.

학습 플랫폼으로 사용할 수 있는 다양한 도구가 있지만, 학교 차원에서 학생들의 MS 계정을 일괄적으로 만들어 두었기 때문에 MS 팀즈(Teams)를 기반으로 학습 플랫폼을 구축했다. 이 플랫폼 안에서 학생들은 지식 습득, 과제 수행, 협업 및 소통, 피드백 등의 학습활동을 자신의 선택과 속도에 따라 진행했다. 학습 플랫폼 안에서 '교사의 분신'의 도움을 받으며 학습한 것이다. 학생들의 학습은 모두 학습 플랫폼 안에서 이루어지기 때문에 학습 과정과 결과를 따로 모을 필요가 없어 교사에게도 효율적이었다.

개별화가 적용된 단원학습

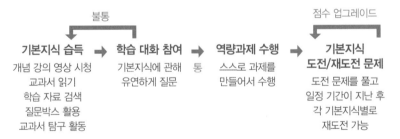

단원학습 흐름도

기본지식 습득

지리 수업에서는 학생들의 학습을 크게 '단원학습'과 학기말에 진행되는 '종합학습'으로 구분했다. 여기서는 단원평가 계획을 토대로 개별화 수업이 적용된 단원학습에 관해서만 설명하고자 한다.

단원학습은 단원별로 7차시 정도로 진행되며, 크게 기본지식 습득과 역량과제 수행으로 구성된다. 기본지식은 쉽게 말해 교과서에 제시되는 지식으로, 단원별로 꼭 알아야 할 필수적인 지식이다. 예를 들어「문화의 세계화」라는 중단원에서는 '문화 변용은 무엇인가?', '문화의 세계화로 인한 긍정적인 영향과 부정적인 영향은?'에 관한 답변이 기본지식이다.

우선 학생들은 교사가 만든 개념 강의 영상을 보거나 인터넷 자료를 검색하며 학습한다. 개념 강의 영상은 기본지식별로 제작한 5분 내외의 영상으로, 파워포인트 자료에 음성을 녹음해 제작했다. 유튜브에서 '오늘의 지리'를 검색하면 확인할 수 있다. 강의와 자료를 통해 어느 정도 기본지식을 습득한 학생은 혼자 혹은 짝과 함께 교과서 본문을 읽고 교과서 탐구 활동을 해결한다. 이어서 질문박스에 질문을 올리고, 친구들이 올린 질문과 교사의 답변을 확인하며 기본지식을 단단히 학습한다. 질문박스는 해당 단원과 관련한 학생들의 질문을 받는 온라인 공간이다. 질문박스는 한 학년 학생 전체가 사용하고, 여러 해 동안 이어서 사용하기 때문에 다른 학급 친구의 질문뿐만 아니라 선배의 질문도 확인할 수 있다.

질문박스 예시

영역 및 주제(단원)	평가 방식 (학생 활동)	평가 기준		배점 (평가별)			만점
				우수	보통	미흡	
습득(1)	기본지식 문제 풀이	기본지식을 얼마나 습득하였는가?	세계문화의 다양성	0.0 ~ 2.0			6
			문화의 세계화	0.0 ~ 2.0			
			문화의 공존과 갈등	0.0 ~ 2.0			
탐구(1)	탐구 활동 참여	탐구 과정에 얼마나 적극적으로 참여하였는가?	질문 탐구	1	0.5	0	3
			교과서 탐구	1	0.5	0	
			학습 대화	1	0.5	0	
활용(1)	역량과제 수행	지식 활용 능력을 얼마나 활용하여 산출물을 제작하였는가?	사고력	1	0.5	0	6
			정보력	1	0.5	0	
			표현력	1	0.5	0	
			창의력	1	0.5	0	
			완성력	1	0.5	0	
			관리력	1	0.5	0	

단원평가 계획(2019학년도 3학년 2학기 1단원)

학습 대화 참여

기본지식 습득 과정을 마친 학생들은 교과서를 가지고 교사에게 온다. '1:1' 또는 '2:1'로 학습 대화를 실행한다. 학생들이 핵심 용어, 개인 의견 및 질문, 활동 과정 및 결과를 명확화·정당화·관련화·심 층화·확장화할 수 있는지 질문한다. 예를 들어 "문화의 세계화에 관 해 더 자세히 설명해 줄 수 있나요?"라고 질문하는 것이다. 단원별로 질문을 고정하진 않고, '개별학습 대화 생성 도구'를 기반으로 학생 의 반응에 따라 유연하게 질문하고 대화한다.

(핵심 용어/개인 의견/개인 질문/활동 과정/활동 결과)에 관해 (학습 대화 질문)?				
명확화	정당화	관련화	심층화	확장화
• 예를 보여 줄 수 있나요? • 더 자세히 설명해 줄 수 있나요? • 무슨 의미인지 설명해 줄 수 있나요? • 더 세부적인 내용을 말해 줄 수 있나요?	• 모든 것이 타당한가요? • 다른 내용과 일치하나요? • 어떤 증거를 가지고 있나요? • 우리가 어떻게 검증할 수 있나요?	• 어떤 문제에 영향을 주나요? • 영향을 받는 사람들은 누구인가요? • 저것과 같은 점과 다른 점은 무엇인가요? • 이 문제를 다루는 우리에게 어떤 도움을 주나요?	• 왜 중요한가요? • 가장 어려운 점은 무엇인가요? • 포함된 복합적인 요소는 무엇인가요? • 이것이 고려해야 할 가장 중요한 문제인가요?	• 다른 시각을 고려해야 할까요? • 다른 방식으로 볼 필요가 있나요? • 다른 관점에는 어떤 것이 포함되나요? • 다른 사람들의 견해를 어떻게 생각하나요?

개별학습 대화 생성 도구

수업 시간 중에 개별 학생과 만날 수 있는 이유는 교사가 강의에서 해방되어 있기 때문이다. 학습 대화를 하며 개별 학생을 인간적으로도 더 깊게 알 수 있기 때문에 교사로서 느끼는 즐거움도 크다.

학습 대화 결과는 '통' 또는 '불통'으로 판정한다. '통'을 받은 학생은 다음 단계인 역량과제 수행으로 넘어간다. '불통'을 받은 학생은 자기 자리로 돌아가 다시 기본지식을 보충한 다음 다시 학습 대화에 응해야 한다. 불통 판정을 할 때는 보통 '학습 처방'도 함께 제시한다.

활용하는 학습 처방에는 직접 및 간접 설명, 학습 자료 및 학습 경로 안내, 공부 방법 제시 등이 있다. 직접 설명은 교사가 다시 구체적으로 설명하는 것이고, 간접 설명은 해당 지식을 알고 있는 친구를 지목하며 저 친구에게 물어보라고 하는 것이다. 학습 자료 및 학습 경로 안내는 현재 학생이 부족한 지식을 습득할 수 있는 개념 강의 영상, 교과서 페이지, 질문박스 등을 알려 주는 것이다. 공부 방법 제시는 더 나은 학업 성취를 위해 필요한 인지 전략, 행동 전략, 마음 전략 등을 제시하는 것이다. 최근에는 교과서를 꼼꼼하게 읽는 법을 많이 알려 준다. 불통 판정을 여러 번 받는다고 감점이 되지는 않는다. 필요한 지식을 모두 알고 가는 것이 중요하기 때문이다.

그럼 "학습 역량이 정말 부족하거나 학습에 참여하지 않는 학생들은 어떻게 할 것인가?"라는 질문이 있을 수 있다. 우리 교실 현장은 많은 보고서에 담긴 것처럼 완전무결한 교실이 아니기에 당연한 질문이다. 그런 학생들과는 일종의 '학습 계약'을 맺는다. 단원의 일부분의 지식만 습득해도 통을 주는 것이다. "요즘 열심히 하는 모습이 보기 좋아. 지형 단원에서 모래 해안의 형성 과정만 정확하게 설명할 수 있다면 이 단원은 통과시켜 줄게."라고 개별화된 기준을 설정하는 것이다. 그래서 결국 대다수 학생은 통을 받게 되고 역량과제 수행으로 넘어가게 된다.

역량과제 수행

역량과제는 단원의 핵심 메시지를 이해하고, 사회과 역량을 증진하기 위한 과제이다. 학생들은 역량과제를 직접 만들어 수행한다. '역량과제 생성 도구'를 기반으로 자신에게 적합한 역량과제를 교사와 협의 후 생성한다. '나는 사업가로서 왜 지역마다 문화가 다른가에 관한 이해를 기반으로 사업 계획서를 작성한다.' 등의 역량과제를 생성하는 것이다. 〈고등래퍼〉를 보고 랩에 심취한 학생에게 자연재해 단원에 관한 이해를 랩으로 표현하는 것도 허용했다. 대체로 학생들은 자신이 만든 역량과제에 애착을 느끼며 적극적으로 수행한다. 역량과제를 스스로 만들기 어려워하는 학생에게는 역량과제 예시를 나열하며 도움을 제공하기도 한다.

역량과제는 혼자 해도 되고 동료와 함께해도 된다. 교실에서 해도 되고, 필요할 경우 나가서 해도 된다. 디바이스를 활용해 파일로 작성해도 되고, 오프라인에서 손으로 제작해도 된다. 그리고 빨리 해도 되고, 천천히 해도 된다. 빨리한 학생은 다음 단원 기본지식 습득을 빨리 시작하는 것이고, 천천히 하는 학생은 다음 단원을 조금 늦게 시작하는 것이다. 한 교실에서 4단원을 학습하는 학생과 5단원을 학습하는 학생이 동시에 존재한다. 다만, 평가 마감 시간이 정해져 있으므로 그 시간 전까지 진행된 학습활동만 평가한다.

역량과제는 실제 사회의 모습과 닮았다. 실제 사회에서도 이렇게 했을 때 몇 점, 저렇게 했을 때 몇 점이라는 세부적인 기준을 정해 주지 않는다. 자신이 배운 지식을 적절히 활용하여 무언가를 스스로 산출해야 한다. 점수의 피상적 엄밀함에만 집착하기보다는 학생들이 스스로 기획하고 도전하는 삶의 태도를 연습할 필요가 있다고 본다.

그럼 "서로 다른 역량과제는 어떤 기준으로 평가할 것인가?"라는 의문이 들 수 있다. 역량과제는 교육과정의 테두리 내에 있다. 정답은 없지만 평가는 필요하다. 서로 다른 역량과제를 평가하기 위해서는 범용 평가 기준이 필요한데, 역량과제 생성 도구에 있는 것처럼 6가지의 지식 활용 능력을 설정했다.

나는 (역할)(으)로서 (핵심 질문)에 관한 이해를 기반으로 (결과물)을 산출한다.		
역할	핵심 질문	결과물
배우, 광고주, 삽화가, 저자, 작가, 임원, 사장, 스카우트, 사업가, 후보자, 목수, 만화 캐릭터, 만화가, 요리사, 유명인, CEO, 의장, 주방장, 경찰관, 여론 조사원, 라디오 청취자, 독자, 리포터, 연출가, 프로그래머, 블로거, 팬, 네티즌, 연구원, 평론가, 선원, 교직원, 과학자, 선장, 사회과학자, 사회사업가, 통계학자, 만담가, 안무가, 코치, 공동체 구성원, 작곡가, 고객, 건설 노동자, 댄서, 디자이너, 탐정, 편집자, 선출직 공무원, 대사관 직원, 엔지니어, 전문가, 목격자, 가족, 농부, 영화 제작자, 학생, 택시 운전사, 교사, 여행 안내원, 트레이너, 여행사 직원, 여행자, 가정교사, TV 시청자, TV 또는 영화 인물, 방문객, 웹사이트 디자이너, 동물원 사육사, 공원 관리인, 온라인 친구, 소방관, 삼림 감시원, 친구, 지질학자, 정부 공무원, 역사가, 역사상의 인물, 인턴, 면접 시험관, 발명가, 심판, 배심원, 변호사, 도서관 고객, 도서관 비평가, 로비스트, 기상학자, 사진가, 비행사, 극작가, 시인, 관찰자, 토론자, 부모, 뉴스 캐스터, 소설가, 영양학자, 박물관장, 큐레이터, 관람객, 이웃, 연인	**• 1단원** Q1-1. 왜 지역마다 문화가 다른가? Q1-2. 세계화는 지역 문화에 어떤 영향을 미쳤는가? Q1-3. 문화 공존으로 나아가려면 무엇이 필요한가? **• 2단원** Q2-1. 다국적 기업은 세계를 어떻게 변화시켰는가? Q2-2. 농업의 세계화는 주민들의 삶을 어떻게 변화시켰는가? Q2-3. 세계화로 인해 세계는 불평등해졌는가? **• 3단원** Q3-1. 인간의 거주 공간에서 생태적 특징이 중요한 이유는 무엇인가? Q3-2. 각 지역에게 세계화는 위기인가, 기회인가? **• 4단원** Q4-1. 에너지 문제는 해결할 수 있는가? Q4-2. 무엇이 자원 갈등을 유발하는가? Q4-3. 자원은 지역에 축복인가?	**• 쓰기** 후기, 기획서, 감상평, 일기, 편지, 이야기, 수필, 메모, 광고 글, 팸플릿, 전기, 논설문, 안내문, 서평, 성명서, 잡지 기사, 뉴스 방송, 신문 기사, 연극 대본, 영화 각본, 시, 역사적 사실, 일지, 실험 보고서, 계획서, 조사 보고서, 검사지, 십자 퍼즐, 트위터, 페이스북, 블로그 **• 구두** 구두 발표, 가르치기, 대화, 토론, 연설, 토의, 면담, 라디오 방송, 오디오 테이프, 대본 낭독, 인형극, 촌극, 시 낭독, 예보, 랩, 노래 **• 시각** 도표, 흐름도, 그래프 스케치, 그림, 모식도, 안내도, 지도, 포스터, 스크랩, 조각품, 시합, 모형, 파워포인트 시연, 사진, 줄거리 사진/그림, 만화, 콜라주, 전시, 비디오테이프, 컴퓨터 그래픽, 디자인, 광고, 배너, 전단 책과 CD 표지, 웹사이트, 게임

역량과제에서 관찰되는 지식 활용 능력 정의	
• 사고력 : 깊이 있게 생각하고 합리적으로 분석하는 힘	• 창의력 : 독창적이고 실용적인 아이디어를 생성하는 힘
• 정보력 : 다양한 도구로 정보를 수집하고 선별하여 적용하는 힘	• 완성력 : 조건에 맞는 구체적인 산출물을 제작하는 힘
• 표현력 : 적절한 방법으로 아이디어를 분명하게 드러내는 힘	• 관리력 : 자기주도적으로 성실하게 참여하는 힘

역량과제 생성 도구

해당 역량과제를 수행하면서 단원의 지식을 얼마나 잘 활용하였는지를 사고력·정보력·표현력·창의력·완성력·관리력을 기준으로 평가했다. 그리고 어떤 활동을 했는지 한 줄, 잘한 점(장점, 도달한 점, 강점, 인상적인 점, 강화할 점, 칭찬할 점) 한 줄, 부족한 점(못한 점, 단점, 필요한 점, 약점, 보완할 점, 틀린 점) 한 줄을 피드백으로 작성했다. 이 역시 MS 팀즈의 개인 채팅 기능을 활용하여 학생에게 제공할 수 있다.

도전 문제와 재도전 문제

계획된 시기에 학생들은 온라인 설문 도구를 활용하여 기본지식 도전 문제를 푼다. 기본지식 도전 문제는 기본지식별로 구분되어 있는데, 선택형과 단답형으로 되어 있어 답안을 제출하면 자동 채점되어 편리하다. 기본지식별로 도전 문제를 구분한 이유는 학생별로 부족한 기본지식을 정확히 피드백하기 위해서다. 예를 들어, "너는「세계문화의 다양성」단원에서 2점 만점을 받았는데,「문화의 공존과 갈등」단원은 2점 중 1.2점으로 조금 부족해." 등으로 피드백하는 것이다.

MS 개인 채팅을 통해 피드백을 받은 학생은 부족한 기본지식을 다시 학습한 후, 계획된 시기에 재도전 문제를 풀게 된다. 만점을 받은 기본지식은 재도전하지 않아도 되며, 재도전 때 점수가 하락하더라도 감점하지는 않는다. 즉 기본지식의 경우, 한 번의 평가로 점수를 결정하는 것이 아니라, 피드백의 반영과 재학습을 통해 자신의 점수를 업그레이드할 수 있는 것이다. 경험적으로 판단하면, 학생들은 도전 문제 전보다 도전 문제와 재도전 문제 사이에 더 열심히 학습하는 경향을 보였다.

개별화 수업에 대한 성찰

강의로부터의 해방과 정체성 혼란

강의식 수업을 진행하면 내용 설명뿐 아니라 학생들의 반응을 살펴야 한다. 일부 학생들의 '관심 없다'는 반응은 강의 전체에 영향을 미친다. 다른 학생의 학습을 방해하기도 하고, 교사에게 실존적 상처를 주어 수업의 질을 떨어뜨리기도 한다. 개별 학생의 반응이 '집단화'되는 것이다.

강의로부터의 해방은 학생들의 집단화된 반응에서 벗어나는 것이다. 강의로부터 해방되면 '학생 덩어리'가 아니라 개별 학생과 대면할 수 있다. 학습 대화 등을 바탕으로 개별 학생이 어떤 학습적 상황인지, 어떤 질문을 품고 있는지, 무엇이 불만인지를 파악하여 도와줄 수 있다. 이는 교사에게 보람이고, 학생에게는 실질적 도움이다.

그러나 비대면 공간에서 온라인 학습 자료를 제작하고, 오프라인에서는 강의하지 않다 보니 교사로서의 정체성에 혼란이 생겼다. 많은 미래교육 자료에서는 "미래의 교사는 안내자와 조력자가 될 것이다."라고 언급한다. 이 문장은 간단하지만, 실제 교사의 삶을 흔드는 변화를 담고 있는 문장이다. 강의로 학급 전체의 학습을 힘차게 끌고 나가던 교사에게 반복되는 개별 학생 지도는 공허함을 줄 수 있다. 대다수 교사가 지닌 지식 전달 의지와 학급 통솔 의지를 무엇으로 채울 수 있을지 고민이다.

체계적인 학습 관리와 평가 노동 과다

개별화 수업은 학생에게 무엇을 잘했는지, 무엇을 더 잘해야 하는지, 지금 얼마나 이해하고 있는지에 대한 지속적인 피드백을 제공한다. 설문조사 결과, 대다수 학생은 피드백을 의미 있게 인식하였으며, 학습에 도움이 되었다고 답변했다. 긍정적 피드백(장점, 도달한 점, 강점, 인상적인 점, 강화할 점, 칭찬할 점)으로 학습 자존감이 높아졌다는 반응이 많았다. 부정적 피드백(못한 점, 단점, 필요한 점, 약점, 보완할 점, 틀린 점)으로 학습에 실질적인 도움을 받았다는 답변도 있었다.

피드백은 체계적인 학습 관리를 가능케 하였고, 즉각적이고 다각적으로 제공될 때 효과가 컸다. 그러나 '교사의 노동 시간'이라는 분명한 한계가 있다. 피드백으로 교사의 평가 노동이 과중해진 것은 분명하다. 5분씩 100명에게 피드백하면 500분이다. 하루 노동 시간을 초과한다. 학생들의 체계적인 학습 관리와 지속적인 성장을 위해 교사는 피드백 제공 시간을 정기적으로 확보해야 하지만, 일과에서 빈 시간을 찾기란 쉽지 않다. 정기적인 피드백 제공 시간 확보와 피드백의 효율적 제공이 고민이다.

저경쟁 교실 문화와 저자극 교실 문화

표준화된 수업과 평가에서는 친구와의 비교로 상처 입는 학생들이 있다. 또 평가 점수에 예민하게 반응하며 성장보다는 점수만을 목표로 학습에 참여하는 학생도 있다.

개별화된 수업에서는 경쟁적인 모습이 감소했다. 개별적으로 창조한 과제를 수행하고, 피드백을 바탕으로 재도전하여 점수를 올릴 수 있다 보니 서로 비교할 일이 적어진 것이다. 또 피드백은 점수가 '깎인' 학생들이 점수 수용도를 높여 성적표 배부 직후 발생하는 비공식적 평가 민원을 사실상 사라지게 했다.

그러나 개별화 수업으로 자극이 적어졌다. 동료 학습자와 같은 과제를 수행하였을 때 서로의 과정과 결과를 공유하며 얻을 수 있는 긍정적인 자극도 줄어든 것이다. 그리고 개별화된 수업에서도 학습을 포기하는 학생들이 있었다. 일부 학생들의 학습 포기와 '딴짓'을 개별적인 배움과 연결하고자 '산출물 전시', '학습 방법 중심의 학습 상담' 등을 도입했지만 문제가 온전히 해결되지는 않았다. 이들을 위한 개별적 프로그램이 필요하다.

개별화 수업과 미래교육

개별화 교육은 학생 개인에게 보다 초점을 두고, 그들의 개별 역량을 성장시킬 수 있기에 미래교육에 가깝다. 개별화 교육을 강조한다고, 공동체성을 간과하는 것은 아니다. 교과 교육에서는 개별화에 초점을 두되, 생활교육에서는 철저히 공동체화에 초점을 두어야 한다.

물론 공교육이라는 말과 개별화는 어울리지 않는다. 공교육은 노동자에게 필요한 표준화된 지식을 효율적으로 전파하기 위해 만들어진 시스템이기 때문이다. 하지만 시대는 계속 변화한다. 과거 서당 교육은 '강독' 중심의 수업이었지만 '개별 문답', '능력에 따른 진도 차이' 등 개별화 교육 요소가 많았다. 시대의 요구로 표준화된 공교육이 등장한 것처럼 미래에는 개별화된 공교육이 필요하지 않을까? 표준화된 인간이 아니라 개별화된 인간 양성으로 공교육의 목표가 변화하고, 모두가 똑같은 것을 학습하고 평가받는 효율성 중심의 교육에서 탈피하여 모든 학생이 각자의 방법으로 학습에서 성공할 수 있는 맞춤형 교육이 필요하다.

3

테크놀로지 활용
피드백

⟨ ⟨ ⟨⟨⟨⟨⟨

어떻게 피드백을 주어야 할까

대부분의 사람들에게 '영어'는 불안과 공포의 대상이다. 오래도록
배우고 연습해도 여전히 어렵다는 사람들이 많다. 무언가 잘못되었
다. 우리 학생들은 10년 넘게 영어를 학습하는데, 독해와 문법을 중
심으로 한 분석적인 학습 방법이 주를 이룬다. 학교에서 이루어지는
말하기 평가는 여전히 일회성의 'One-shot' 평가인 경우가 많고, 심
지어 이것이 영어 말하기인지, 단순 암기력 테스트인지 헷갈리는 경
우도 많다. 이것을 극단적으로 보여 주는 것은 암기형 '1분 스피치'의
형태로, 학생들이 작성한 대본을 외워서 발표토록 하는 평가이다. 교

116

사는 학생이 1분 동안 몇 단어를 틀리고, 몇 번 멈칫하는지 횟수를 세어 만점에서 감점하는 형태의 평가를 한다. 이런 경우 교사는 학생의 스피치를 발표 당일에 처음 보는 경우가 대부분이다.

그런데 방법을 조금 달리하면 우리 학생들이 외국어 학습의 중요한 요소인 'Risk-taking(위험 감행)'과 'Willingness to communicate(의사소통 의지)'를 가질 수 있을 것 같았다. 특히 외국어 학습에서 타인의 시선과 평가를 많이 의식하는 학생들의 심리를 역으로 이용하면 효과가 있을 것이라고 생각했다. 타인에게 연습하는 과정을 투명하게 공개하고, 발전하는 과정을 동료들과 함께 공유한다면, 조금 더 긍정적인 학습 분위기가 형성될 것이라고 판단했다. 이때 피드백의 내용은 자연스럽게 개별화된 피드백이 될 것이고, 교사는 학생에게 개별화된 정서적 지지를 제공하게 된다.

끊임없는 피드백의 결정체, 무한 리허설

3학년 영어 수업의 피드백 사례는 '무한 리허설' 과제를 말하기 평가 전에 설계한 것이었다. 물론 프로젝트의 전 과정에는 다양한 형태의 피드백 방법이 함께 녹아 있다. 특히 교사의 누적 피드백을 집약적으로 받는 무한 리허설 과정에서 학생들은 개별화된 피드백을 개별화된 속도에 따라 받게 된다. 학생들은 역량을 최대로 발휘하도록 끊임없이 자신만의 속도로 연습하고 도전해야 한다.

그런데 개별 학생마다 다른 피드백을 준다는 것은 생각만 해도 어려운 일이다. 그래서 이를 효율화해야만 했다. 이 부분이 테크놀로지의 도움을 받아야 하는 지점이었다.

좌우명 스토리텔링 프로젝트를 진행한 1단원은 「A Motto For Your Life」이다. 교과서에서 제시한 학습목표는 '새 학년을 맞이하여 인생의 모토를 설정한다.'이다. 영어를 활용하여 생각하고, 자신의 의견을 표현하는 것이 위의 내용을 진정으로 학습하고, 언어 기능을 익히는 방법이라고 생각했다. 교과서 내용만 분석하기에는 턱없이 부족했기에 교과서 내용을 확장하여 '다양한 인생의 모토를 탐색하고, 자신의 모토를 설정하여 TED의 말하기 방식으로 발표(Storytelling)하기'를 프로젝트의 목표로 설정했다.

그룹 활동을 통해 관련 자료를 탐색하고 공유하며, 동료들과 함께 발표를 연습한 뒤, 각자 개별 결과물(발표)을 수행하도록 설계했다. 개인 결과물이 나오기까지는 그룹의 협동이 필요하지만, 자신의 결과물에 대한 점수도 일부 받도록 하여 개인의 책임감을 높였다.

학생들은 추가 자료인 TED 영상과 교과서 학습을 충분히 한 뒤, 선생님들의 좌우명을 조사하는 인터뷰 과정을 통해 자신의 원고를 생성할 글감을 모았다. 자료 조사와 학습한 지식을 바탕으로 학생들은 3단계의 고쳐 쓰기 과정을 거쳐 자신의 대본을 완성했다.

그리고 각자의 속도에 맞춰서 무한 리허설을 진행했다. 자신의 원고를 완성한 순간부터 무한 리허설의 연습은 시작되었다. 수업 시간

중 자유롭게 자신의 원고를 연습하고, 교사에게 피드백 받을 준비가 된 학생은 교실 한편에 있는 교사에게 다가와 "도전!"이라고 외친다. 교사는 학생이 실전과 똑같이 발표하는 모습을 보며 학생에게 적절한 일대일 피드백을 제공한다. Padlet이라는 온라인 플랫폼을 활용하여 교사는 개별 학생에게 누적적으로 학생이 통과할 때까지 피드백을 제공한다. 이때 Padlet을 교실 화면에 연결하여 학생에게 주어지는 누적 피드백이 실시간으로 교실 전체에 보여지도록 했다. 연습 중인 학생들은 다른 친구의 리허설 과정을 참고하여 어떤 발표를 하면 어떤 피드백이 오는지 실시간으로 확인할 수 있다. 어떻게 하면 통과하는지, 어떻게 하면 좋지 않은 발표인지를 스스로 판단하며 본인의 연습을 지속한다.

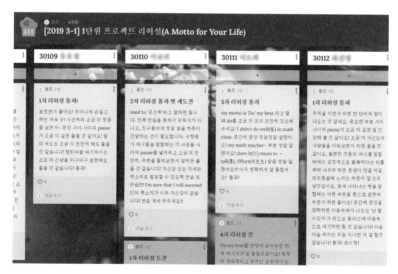

온라인 피드백 장면

'연습 후 리허설 과정에서 교사의 피드백을 받았는가?'는 총 점수 중 1점에 해당한다. 그러나 학생들은 마감 기한이 정해져 있는 리허설 기간 동안 자발적으로 '통과'를 받고자 끊임없이 노력했다. 학생들에게 일부러 더 매몰차고 단호하게 "탈락!"을 외쳤는데, 그것이 학생들에게는 매우 즐거운 일이었던 것 같다. 점심시간, 쉬는 시간에도 학생들은 끊임없이 교사를 찾아와서 피드백을 받았다. 열심히 연습해서 한 번에 통과한 학생도 있고, 7~8번 이상 도전하는 학생도 있었다. 이것이 고통스러운 과정임에도 학생들은 모두가 연습하고 도전하는 분위기를 즐기며, 성장하는 자신의 모습에서 뿌듯함을 느꼈다. 심지어 어떤 학생은 통과했으나 스스로 만족스럽지 못하다고 다시 찾아와서 도전했고 피드백을 받았다.

교사 혼자 어떻게 그 많은 학생들에게 피드백을 주나

아무리 학급의 학생이 적다고 해도, 한 명의 교사가 수십 명의 학생에게 각기 다른 내용과 양의 누적 피드백을 제공하는 것은 쉽지 않다. 테크놀로지를 활용하더라도 결국 그 안의 내용을 채우는 것은 교사의 몫이다. 이 지점에서 '공개 피드백' 제도가 조금은 도움이 되었다.

효과적인 피드백을 제공하려면 반복되는 부분의 효율화가 필요하고, 또한 이 기록을 추후에 잘 가공할 수 있어야 한다. 피드백의 전 과정이 모든 학생들에게 공개되기 때문에 학생들은 탈락하는 친구들이 공통적으로 받는 피드백 내용을 자신의 연습 과정에서 참고하게 된다. 여기에서 1차적인 효율화가 가능하다.

그다음으로는 '모델링'을 통해 교사의 짐을 덜 수 있다. 교사는 학생들의 피드백을 '탈락'과 '성공'의 색깔을 구분하여 제공한다. 학생들은 좋은 평가를 받아 통과한 친구의 발표 피드백을 읽어 보고 따라하고자 한다. 여기에서 2차적인 효율화로 모방 학습 효과가 일어난다.

연습이 종료된 후 교사는 Padlet의 'PDF로 내보내기' 기능을 활용하여 누적한 피드백을 평가 근거 자료로 변환하여 활용할 수 있다. 유독 더 많이 노력한 학생이나, 특히 두드러진 성장을 보인 노력파 학생들을 한눈에 비교하여 볼 수 있다. 이는 생활기록부 기록에도 유용하게 활용된다.

발표는 또 다른 피드백의 시작

무한 리허설을 통해 자신감을 얻은 학생들은 소극장에서 TED 발표를 했다. 소극장의 공간을 마치 실제 TED 발표 무대처럼 꾸몄다. 엉성한 TED 글씨를 직접 만들어서 조명의 힘으로 그럴듯하게 만들었다. 교탁 앞에 나와서 그냥 발표하는 것을 상상했던 학생들은 큰 동기 부여를 받아 멋진 발표를 하고자 더욱 노력했다. 인터뷰에 응해 준 선생님들도 초대했다.

아무런 파워포인트 자료도 없이, 단독으로 조명을 받으며 자신의 이야기를 전달력 있게 발표하는 것은 어른에게도 어려운 일이다. 하지만 학생들은 끊임없는 노력을 통해 모두가 성공적으로 자신의 이야기를 해냈다. 특히 영어에 자신이 없던 학생들조차 자신의 재능을 살려서 발표해 내는 모습이 인상적이었다. 댄스 동아리 단장인 한 학생은 자신이 춤에 흥미를 갖게 된 계기부터, 끊임없는 연습을 통해 댄스 동아리 단장이 되기까지의 이야기를 설명하며 'The key is practice.'라는 자신의 좌우명을 춤과 함께 표현해 냈다.

교사로서 가장 만족스러웠던 부분은 어느 누구도 외운 원고를 기계적으로 말하지 않았다는 것이다. 학생들은 적절한 쉼의 사용과 목소리 톤의 변화, 효과적인 목소리 크기 조절 등을 자유자재로 활용했다. 끊임없는 연습을 통해 가장 효과적으로 청중에게 메시지를 전달하는 법을 연구했고, 이것을 무대에서 멋지게 보여 주었다.

원어민 선생님 인터뷰

발표는 모두 영상으로 촬영했다. 원어민 선생님과의 회화 시간에는 자신의 발표 영상을 원어민 선생님과 함께 보며, 성찰 활동을 인터뷰 형태로 진행했다. 학생들은 자신의 모토를 원어민 선생님께 다시 한 번 설명하거나, 발표 중 아쉬웠던 부분에 대해서 자유롭게 이야기를 나누며 또 다른 형태의 말하기 평가를 연계했으며, 다양한 내용의 피드백을 받았다.

피드백은 정말 효과가 있는 것인가

수업 후 설문조사에서 학생들이 가장 도움이 된다고 꼽은 단계는 무한 리허설이었다. 수업을 설계하며 가장 고통스러워할 단계라고 생각했던 끊임없는 피드백 과정을 학생들은 오히려 성장에 도움이 된 순간으로 꼽았다. 그리고 노력하고 성장하는 과정에서 즐거움을 느끼고 뿌듯함을 느꼈다는 내용을 공통적으로 언급했다.

무한 리허설 과정에서 열심히 외웠는데 자꾸 막혔다. 8차까지 리허설을 하는 아이들을 보는 게 너무 재미있었다. '내가 이거 하나 못 외워……'라는 생각과 함께 어이가 없어 헛웃음이 나왔다.

— ○○○ 학생

그냥 연습을 해 오라고 하면 제대로 하지 않았을 수도 있었겠지만,

무한 리허설을 통과하자는 마음과 무한 기회로 연습할 수 있었던 것이 도움이 되었다. 힘들었지만 가장 의미 있고, 실전에 직접적으로 가장 많은 영향을 주었다고 생각한다.

— ○○○ 학생

나의 발표를 이렇게 집중적으로 연습한 것이 처음이다. 발표를 생각하면 항상 불안했는데, 친구들도 무한 연습을 하고 있는 모습을 보니 덜 걱정되었다.

— ○○○ 학생

대본을 쓰는 내내 들었던 생각은 '이걸 어떻게 외우지?'였다. 특히 나는 대본을 TED 발표 직전에 완성해서 더욱 막막했다. 하지만 대본은 내가 생각한 것 그 이상으로 잘 외워졌고(아마 대본을 깊게 생각하며 직접 썼기에 그런 듯하다), 처음 영어로 전하는 내 이야기를 망치고 싶지 않았기에 시간이 날 때마다 휴대전화 메모장을 켜 읽고 또 읽었다.

— ○○○ 학생

학생들은 수업을 통해 다양한 것들을 얻어 간다. 어떤 학생은 영어 단어를 배우고, 어떤 학생은 말하기 방식을 배우고, 어떤 학생은 발표에서의 자신감 있는 태도를 배우고, 어떤 학생은 끊임없이 도전하는 자세를 배운다. 교사는 학생들이 공통되게 배워 가야 하는 것들을 끊임없이 고민하고, 그것을 모두가 가져갈 수 있도록 수업을 '어떻게' 설계하고 효율적으로 피드백을 제공할 것인지를 고민해야 하는 것 같다. 학생들이 느끼는 배움의 즐거움과 보람은 학생들이 교사에게 주는 중요한 피드백이라고 생각한다.

예전에는 좌우명을 그냥 마음에만 갖고 있었는데, 친구들 앞에서 발표하면서 좌우명처럼 살아야겠다는 자극을 받게 되었다. 그리고 말하기를 진짜 진짜 싫어했는데, 계속 발표 연습을 하다 보니까 은 근 재미있는 것 같기도 하다.

— ○○○ 학생

내가 영어로도 발표를 잘할 수 있다는 점이 좀 놀라웠다. 사실 이번 프로젝트를 하면서 '내가 정말 할 수 있을까?'라는 생각이 많이 들 었는데, 정말 내가 해내서 좀 놀라웠다. 덕분에 자신감도 많이 상승한 것 같다.

— ○○○ 학생

무대에 오르는 일이 전보다 편해졌다. 내가 영어로 이렇게 발표할 수 있는지 알게 되어서 좋았다. 나의 능력이 어느 정도까지 가는지 확인할 수 있었다.

— ○○○ 학생

생활을 해석하는
수업

수학의 가치

점은 정말 보이지 않을까?

그러면 모여서 어떻게 선을 만들 수 있을까?

0.9999…는 정말 1과 같을까?

컴퍼스로 그린 원은 정말 원일까?

이런 추상적인 사고와 실생활과는 거리가 느껴져서 수학은 세상과 동떨어진 과목이라는 느낌을 준다. 하지만 다시 생각해 보자. 라면을 2개 끓인다면 1개 끓일 때보다 물을 2배 넣는다. 이런 추세로 택시를 타서도 택시비가 올라가면 내릴 때 얼마쯤 되겠다고 예상한다. 간단하지만 우리는 매일 수학적인 생각을 하고 있다. 그런데 그런 생각을 수학적이라고 느끼지 않는다. 수학 시간에 그런 생각들을 다루지 않기 때문이다. 수학 시간에는 활용 단원의 문제를 실생활이라고 하지만 학생들은 대부분 인정하지 않는다.

무언가를 수로 나타낸다는 것은 우리에게 큰 편리함을 가져다준다. 만약 시간을 수로 나타내지 않았다면 약속을 하고 만나는 일이 매우 어려울 것이다. 키와 몸무게를 설명할 수 없고, 양을 정확하게 측정할 수 없다. 모르는 것을 x로 두고 식을 세우는 방정식의 아이디어는 알 수 없는 것들을 발견하게 해 주었고, 세상의 여러 관계는 함수라는 이름으로 정리되었다. 실생활에 존재하지 않는 허수 i는 슈뢰딩거 방정식에 사용되고 있다.

이처럼 수학은 스스로의 가치 이외에도 다른 학문의 언어로서 가치를 갖고 있다. 그동안 이 가치를 잘 모른 채 수학을 어디에 쓰냐는 질문을 해 왔다면, 이제는 모든 생각의 배경에 수학이 있음을 학생들에게 가르칠 때가 되었다.

세상 그대로를 수학적으로 사고하는 방법

사람은 바퀴가 달려 있지 않기 때문에 시속 4km로 꾸준히 걸을 수 없지만, 수학 문제에서는 시속 4km로 가정한다. 그런데 학생들은 가

공된 상황을 실생활이라고 느끼지 않는다. 그냥 수학 문제라고 생각한다. 만약 수학에서 실생활을 다루고 싶다면 수학적인 개념에 맞춘 세상을 만들어 내는 것이 아니라, 세상 그대로를 수학적으로 다루어야 한다.

예를 들면, 「일차함수」 단원에서 다루는 모든 예는 오차 없이 정확하다. 한 걸음에 1m씩 걷는다면 10걸음에는 10m를 걷게 된다. 하지만 실제로 10걸음을 걸으면 약간의 오차가 발생한다. 9.9m를 걸을 수도 있고, 10.1m 정도를 걸을 수도 있다. 하지만 이 자연스러운 상황을 수학 시간에는 일차함수로 다루지 않는다. 0.1m의 오차 때문에 수학적으로는 일차함수가 아니기 때문이다. 이 오차에도 불구하고 여전히 한 걸음에 1m 정도 걷는다고 생각하는 것은 유효하다. 0.1m라는 오차가 있지만, 꽤 일정하게 걸음을 걷고 있다고 판단할 수 있다. 대신 한 걸음을 1m로 볼 것이냐, 0.99m로 볼 것이냐는 사람마다 판단이 다를 수 있다.

자연과학이나 사회과학에서는 실험을 통해 이 오차들을 줄여 나간다. 실험 결과는 오차가 있으므로 식으로 만들 때 완벽하게 결과와 일치할 수 없다. 대신 실험 결과와 가장 비슷하여 오차가 작은 식을 채택한다. 이 과정을 '모델링'이라고 한다. 실험 결과를 식으로 만들면 경험하지 않은 미래를 예측할 수 있고, 다양한 관계를 시뮬레이션할 수 있다. 수학이 가진 오차의 장벽을 넘으면 다양한 학문의 세계가 펼쳐지는 것이다.

중학교에서는 식을 왜 배워야 하는지에 대한 설득 없이 그래프와

식을 가르친다. 그래프는 두 변수의 관계를 드러내고 식을 예상하게 해 준다. 식은 두 변수의 관계를 명확하게 드러내고 정확한 예측이 가능케 하는 도구이다. 다양한 학문에서 실험 결과를 정리하는 중요한 도구로 그래프와 식이 사용된다는 것을 가르친다면, 여기에서 수학의 유용성을 배울 수 있다.

초코볼과 일차함수

자연스러운 생각들로 수업 시간을 만들기 위해서는 먼저 수학적인 사고가 발생할 만한 상황이 필요하다. 학생들은 거리, 속력, 시간 개념을 어려워한다. 이해하면 자연스러운 내용임에도 불구하고 공식을 암기하여 문제를 해결한다. 학생들의 경험과 가까운 길이나 질량 같은 단위를 다룰 때는 이해도가 높지만, 그렇지 않은 단위는 이해도가 낮다. 그래서 학생들이 직관적으로 받아들일 수 있는 개수와 질량이라는 두 변수를 사용하기로 했다.

종이컵에 초코볼을 하나씩 올리면서 저울로 질량을 측정했다. 당연히 초코볼 하나하나의 질량은 똑같지 않다. 그래서 초코볼 1개의 질량을 얼마로 결정해야 하는지부터 문제가 발생한다. 비슷하지만 약간의 오차를 가진 초코볼 1개의 질량을 구하기 위해서 자연스럽게 평균을 떠올린다. 15개 정도의 질량을 측정한 후 평균을 구해서 초코볼 1개의 질량을 결정했다.

2. 실제 실험결과 (표, 그래프)

초코볼 개수	2	3	4	5	6	7	8	9	10	11	12	13	14	15	16
질량 (g)	12.69	13.55	14.5	15.37	A	17.18	18	18.91	19.78	20.66	21.53	22.43	23.2	24.09	24.99
변화량 (g)	-	0.86	0.95	0.87	1.81	0.82	0.91	0.87	0.88	0.87	0.9	0.77	0.89	0.88	-

그리고 초코볼이 6개 담겨 있는 종이컵의 질량은 측정하지 않았다. 대신 5개 담겨 있는 종이컵과 7개 담겨 있는 종이컵의 질량을 이용하여 6개 담겨 있는 종이컵의 질량을 구했다. 모둠마다 다른 방법으로 구했다. 5개가 담겨 있는 종이컵에 평균으로 구한 값을 더하기도 했고, 5개가 담긴 종이컵의 질량과 7개가 담긴 종이컵의 질량을 더해서 2로 나누기도 했다.

1. A에 들어갈 숫자를 쓰고 어떻게 구했는지 쓰시오. 15.9g, m&m 1개당 0.9g으로치고 1개를 더하면 15.0+0.9 = 15.9 이기때문이다.

5개가 담겨 있는 종이컵에 평균을 더한 경우

1. A에 들어갈 숫자를 쓰고 어떻게 구했는지 쓰시오.

...	5	6	7	...
질량(g)	15.37	A	17.18	
변화량(g)	0.87	1.81	0.82	

$$A= \frac{15.37+17.18}{2} = 16.275$$

두 종이컵의 평균으로 구한 경우

초코볼이 들어 있는 종이컵의 질량을 알려 주고, 몇 개 들었는지 구하는 과제를 제시했다. 일차함수를 이용하지 못하는 학생들도 간단한 계산을 이용하여 답을 구할 수 있다. 이 과제에서는 자연스러운 생각의 전개를 위해서 인위적으로 수치를 조정하지 않았다. 몇 개인지 모르는 초코볼의 질량을 그대로 측정하여 36.8g이라고 보여 주었다. 학생들은 자신이 구한 식을 이용하여 초코볼의 개수를 구했다. 정확하게 맞은 학생들은 꽤 신기해 하며 자신의 결과에 대해 만족했다. 실제 초코볼 1개의 질량은 대략 0.9g 정도였다. 어떤 조는 초코볼 1개의 질량을 0.8로 두고 계산했더니 3개 정도 오차가 발생했다. 이 학생들은 초코볼 1개의 질량을 결정할 때 평균을 사용하지 않고 대충 비슷한 크기로 정했다. 평균을 알고 있었음에도 언제 평균을 사용해야 하는지는 몰랐던 것 같다.

5. 질량이 36.8g인 경우(플라스틱 컵 포함) 초코볼이 몇 개인지 예측하시오.

⇒ (32개)

$$36.8 - 10.66 = 26.14$$
$$↳ 26.14 ÷ 0.8 = 32.6745 \quad 약)32개$$

평균을 사용하지 못한 학생

5. 질량이 36.8g인 경우(플라스틱 컵 포함) 초코볼이 몇 개인지 예측하시오.

⇒ (29개)? 30개?

$$36.8 - 10.93 = 25.87$$
(플라스틱 컵에 제외)
$$25.87 ÷ 0.88 = 29.3977272…$$
(초코 한개)

반올림을 하지 못한 학생

한편 학생들은 초코볼의 개수가 소수점으로 구해지자 의문을 가졌고, 어떻게 처리하는지에 대해 질문했다. 계산 과정을 구해서 29.9개임을 구한 학생 중에는 30개로 올바르게 쓴 학생도 있었지만, 29.9개를 그대로 쓴 학생도 있었고, 29개라고 쓴 학생들도 있었다.

학생들의 생각을 관찰하고 나니 답이 나오기까지의 생각들이 궁금해졌다. 분명 반올림을 모르지는 않을 텐데 반올림하지 않은 답을 쓴 이유를 물어봤더니 반올림해야 한다는 생각을 못 했다고 대답했다. 그 학생은 29.9를 반올림할 수 있지만 언제 반올림을 사용하는지는 몰랐다. 마찬가지로 많은 학생이 일차함수와 관련된 문제를 풀고 있지만 진짜로 일차함수가 사용되는 예를 들지 못했다.

일차함수는 한 변수가 일정하게 증가함에 따라 다른 변수가 일정하게 변하는 현상을 식으로 표현할 때 사용한다. 우리 주변에서 일어나는 수많은 현상은 일차함수로 나타낼 수 있다. 반면 수학 수업에서 다루는 내용은 매우 한정적이다. 현상은 대부분 완벽한 수학 개념과 다르게 약간의 오차가 있기 때문이다. 오차 없이 매끄러운 상황을 만나기 때문에 평균을 구하고 반올림할 줄 알아도 그 개념을 언제 사용하는지 모르는 경우가 많다. 수학적 지식이 문제를 풀기 위한 도구로만 사용되기 때문이다.

진짜 통계

미래사회에서는 통계가 중요할 것이라고 예상한다. 하지만 통계가 무엇인지 제대로 설명할 수 있는 사람은 별로 없다. 통계를 배우기는 했지만 실제로 통계가 어떤 목적에서, 어떤 역할을 하는지 배우지 않았기 때문이다.

자료의 크기가 클수록 연구는 사실에 가까워진다. 하지만 연구 대상을 모두 조사하는 것은 큰 수고와 비용이 들거나 불가능하다. 따라서 적은 자료를 가지고 큰 자료를 예측하는 것이 필요하고, 이를 '통계'라고 부른다. 영화 평점을 보고 재미를 판단하거나, 과자에 적힌 영양 성분 함량도 통계적 사고의 산물이다.

모바일 기반의 시대에는 데이터의 크기가 매우 커졌다. 매일 스마트폰을 이용하여 수많은 데이터를 생산하고 있기 때문이다. 이 방대한 양의 데이터를 처리하기 위해서는 공학 도구의 사용이 필수적이다. 하지만 교과서의 통계는 이를 반영하지 못하고 있다. 대체로 쉬운 계산을 위해 10개 남짓의 자료를 줄 뿐이다. 게다가 가상의 내용으로 만든 자료이기 때문에 통계 자료를 정리해도 분석하거나 예측하는 것이 불가능하다. 정리하는 사람의 경험과 목적이 포함되어 있지 않기 때문이다.

때때로 통계 자료는 대상과 목적을 지닌다. 나이팅게일이 영국 의회를 설득하기 위해 통계 자료를 사용한 것은 유명한 일화이다. 이처럼 통계 자료를 제작할 때 자신의 입장과 목적을 갖고 설득을 위한 통계 자료를 제작할 수 있는 경험이 필요하다고 생각했다. 그래서 진짜 통계 자료를 조사하고 정리하여 결과물을 제작하는 활동을 해 보기로 했다.

첫 단계는 학생들의 직업을 정하는 것이다. 같은 자료를 보더라도 목적에 따라 다르게 해석하기 때문이다. 개발을 원하는 사람은 환경 문제가 심각하지 않다고 해석해야 하며, 환경을 보호하는 사람은 환경 문제가 심각함을 보여야 한다. 학생들은 조별로 직업을 선택한 후 관련 있는 자료를 조사했다. 주로 데이터 포털을 이용했는데, 최근에 수집되는 자료를 가공되지 않은 형태로 사용할 수 있다는 것이 장점이었다.

각 단계를 완성하고 나면 교사의 피드백을 받아야 한다. 과제를 주고 결과물을 받는 것이 아니라, 중간중간 계속 확인하면서 좋은 프로젝트가 되도록 돕는다. 필요한 경우 공학 도구 사용법을 추가로 알려 주기도 하고, 주제를 보충해 줄 자료를 제안하기도 했다.

자료를 조사한 후 공학 도구로 정리하고 그래프를 그렸다. 그래프 분석 결과를 바탕으로 직업에 맞는 행동을 했다. 회사원이 된 학생들은 곡물 물가를 조사하여 즉석밥 출시 계획을 세웠으며, 여행사 직원이 되어 관광객 유치 계획을 세우기도 했다. 유치원 교사가 된 학생들은 신입생을 몇 명 받을지 계획을 세웠으며, 승무원의 근무 환경을 다룬 기사를 쓴 학생도 있었다. 세세한 문구까지 피드백하지는 않았지만, 어떤 그래프를 그리는 것이 좋을지, 어떤 표시를 하는 것이 설득에 유리한지를 함께 고민하면서 학생들은 통계 자료를 만드는 목적을 명확하게 인식했다.

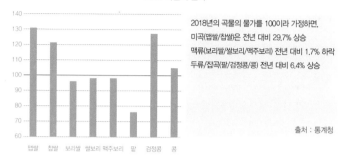

2018 곡물의 물가

2018년의 곡물의 물가를 100이라 가정하면,
미곡(맵쌀/찹쌀)은 전년 대비 29.7% 상승
맥류(보리쌀/쌀보리/맥주보리) 전년 대비 1.7% 하락
두류/잡곡(팥/검정콩/콩) 전년 대비 6.4% 상승

출처 : 통계청

즉석밥 출시 계획을 세우기 위해 곡물가 변화를 조사함.

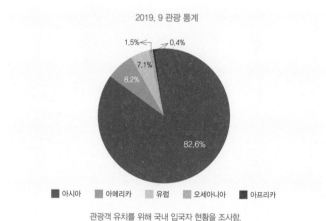

2019. 9 관광 통계

관광객 유치를 위해 국내 입국자 현황을 조사함.

일상 속의 수학을 위한 고민과 과제

담이 없는 수학

수학적 개념은 많은 곳에서 사용되지만, 어디에 사용되는지 말할 수 있는 사람은 거의 없다. 배운 지식이 지식에서 그치는 것이다. 지식에서 그친 지식은 활용 가치가 낮다. 반올림을 할 줄 알지만 언제 반올림해야 하는지를 모르면 그 사람이 정말 반올림을 알고 있다고 할 수 있을까?

현재 교과서에서 「일차함수」 단원의 문제는 모두 일차함수를 이용해서 풀 수 있다. 하지만 정작 일차함수가 사용되어야 하는 문제에서는 그것을 활용해야 하는지도 모르는 경우가 많다. 교과의 담을 허물어 일상적인 사고에서 수학적인 사고가 어떻게 사용되고 있는지를 학습할 필요가 있다. 수학 시간에 배우는 지식이 그저 지식으로 머무는 것이 아니라, 문제를 해결하는 다양한 도구임을 깨닫기 위해서는 잘 배우는 것만큼 잘 사용하는 경험이 필수적이다.

답이 없는 수학

수학은 항상 명확한 답이 있다고 생각한다. 대부분은 그렇지만 일부 단원에서는 답 대신 의견이 필요하기도 하다. '원그래프와 막대그래프 중에서 어떤 것이 더 효과적으로 전달할까?', '이 자료는 이상값으로 처리할 만한가?'처럼 문제 해결을 위한 질문은 정답이 없는 경우가 많다. 정답이 없으면 의견을 나눌 수 있다.

수학 시간에 의견을 나누는 것은 신기한 경험이다. 수학에 자신감이 없는 학생들도 참여시킬 수 있다. 이런 경험은 학생들에게 소중하다. 수학 시간에 대한 막연한 두려움을 덜어 주기 때문이다. 교사는 이 과정에서 잠시 기다릴 필요가 있다. 학생들이 의사소통하면서 어떤 의견이 더 좋은지 결정할 수 있는 시간을 주는 것이다. 다만 의견에 대한 근거를 꼭 들도록 한다. 근거를 찾고 설득력을 갖추는 과정도 큰 교육이기 때문이다. 다른 사람과 대화하고 설득하기 위해 필요한 정보를 얻고 조직하는 능력은 답이 없는 수학이기 때문에 가능한 일이다.

쓰임이 있는 수학

그 단원 이외에는 한 번도 쓰이지 않는 지식을 배우는 경우가 많다. 생각지도 못한 보조선을 그어 문제를 해결하기도 하고, 어디 숨었는지 모르는 도형을 찾아서 풀어야 하는 문제도 있다. 이런 문제들은 사용하기 위한 지식이 아니라 변별을 위한 지식이라고 생각한다. 때문에 수학은 어디에 쓰는지도 모르는 학문이 되어 있고, 학생들에게 멀어지고 있다.

수학 교육의 목표는 수학의 개념·원리·법칙을 이해하고, 기능을 습득하여 주변의 여러 가지 현상을 수학적으로 관찰하고 해석하며, 논리적으로 사고하고, 합리적으로 문제를 해결하는 능력과 태도를 기르는 것이라고 한다. 그동안 학생들에게 제시된 문제가 이러한 목적에 부합하는지 다시 한 번 생각해 볼 때가 되었다. 인간의 능력을 수치로 정확하게 평가하는 것보다 학생들이 겪게 될 일들을 수학적 사고로 해결하도록 돕는 것이 필요한 시점이다.

5

실제 문제 해결과
프로젝트 학습

실제 문제 해결과 사회 학습의 목표

배움은 어떠한 조건에서 일어날까? 배움을 미시적으로 관찰한 존 홀트(John Holt)는 다음과 같이 배움의 조건을 밝힌 바 있다.[6]

자신의 실제적인 삶과 연결될 때, 학교가 학생들이 배우길 원하는 것을 배울 수 있게 하는 곳일 때, 흥미와 호기심이 있으며 스스로 정말 알아야 한다고 느낄 때, 학습에 대한 주도권을 가질 때, 스스로 또래를 가르칠 때, 도전적인 과제를 만날 때, 사회적 교류와 협동의 기

---

6 John Holt(2004), 공양희 역, 존 홀트의 학교를 넘어서, 아침이슬

회를 가질 때, 체험할 때, 도움이 되는 피드백을 얻을 때, 배운 것을 스스로 표현할 때, 긍정적이고 허용적인 관계가 될 때 등이 그것이다.

존 홀트가 제시한 배움의 조건들을 종합해 보면 다음과 같이 요약할 수 있다.

1. 배움은 실제와 연결되어 있는가?
2. 학생은 학습의 주체인가?
3. 학생은 다양한 주체 및 자원과 연결되는가?

이외에도 배움이 실제 문제와 연결되어야 함을 강조한 교육자와 이론을 찾는 것은 어렵지 않다. 그러나 현재의 수업은 교과서상의 지식을 넘기 어려운 경우가 많다. 최근 미래교육의 방향으로서 실제화(Authentic)된 학습을 강조하는 것은 학생들의 배움이 교실 안에서만 머물지 않고 실제 문제 해결로 확장되기를 기대하는 것이기도 하다.

그렇다면 학생들은 무엇을 학습목표로 생각하고 있을까? 학기 수업을 시작하기 전, 학생들에게 사회 학습의 목표가 무엇이냐고 물으면 많은 학생들이 실제 사회와의 연결을 이야기한다. 학생들은 교과서 밖의 다양한 현상을 경험하고 있다. 교과서에서 말하고 있는 다양한 지식이 실제 문제와 어떤 관련이 있는지, 교과서 속 지식과 어떠한 차이가 있는지, 실제 문제를 해결하는 데 어떤 도움이 되는지를 궁금해 하고 있다.

좋은 사회 만들기가 나의 목표이다. 갈수록 나아지고 있지만, 좋은 사회가 되기에는 아직 터무니없이 부족한 것 같다. 앞으로 사회를 전공하지는 않더라도 나 같은 평범한 시민이 사회에 많은 관심을 가지다 보면, 사회가 점점 바뀌지 않을까 하는 생각이다. 그리고 지금 우리가 평범하고 당연하다고 생각하는 것들이 잘못된 것일 수도 있기 때문에, 그런 점을 발견하고 더 나은 사회가 되기를 원한다.

— ○○○ 학생

사회 학습의 구조 설계하기

미래학교에서의 사회 학습(일반사회 영역)은 배움의 조건, 학생들의 요구, 교과 교육과정의 목표, 그리고 교과 교사의 철학과 신념이 결합되어 설계되었다. 사회 학습의 핵심은 '이해'와 '실천'이다. 이를 위해 학기 단위 수업은 '이해 – 토론 – 적용' 활동으로 구성된다. 학생들이 수행하게 될 활동이며, 3가지 활동이 하나의 묶음으로 되어 있다.

문제 상황으로 시작하여 학생들은 혼자 혹은 친구나 선생님과 함께 단원의 내용 요소를 학습하고(이해 활동), 학습한 바를 말로 표현한 후(토론 활동) 실제 문제 상황에 적용해 보는 것이다(적용 활동). 모든 단원은 이러한 구조로 되어 있다. 그리고 교과 교육과정에서 제시한 성취기준을 재구조화하여 단원별 통합성취기준을 개발했다.

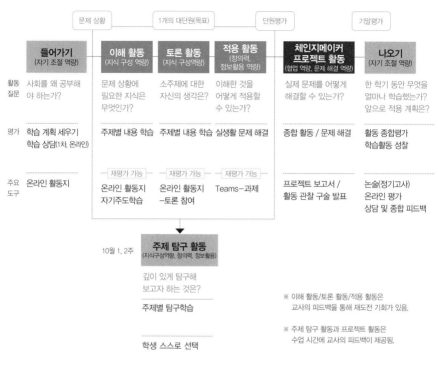

학기 단위 수업 구조

문제 상황을 해결하는 과정에서 학습하기

앞에서 언급한 이해 - 토론 - 적용의 3가지 활동을 이끌어 가는 것은 문제 상황이다(문제 사례 참고). 같은 내용을 학습하더라도 교과서에 나와 있기 때문에 학습을 시작하는 것이 아니라, 제시된 문제 상황을 해결하기 위해서 학습한다. 문제 상황은 학생들의 '상황', 교육과정상의 '내용', 학생들이 수행해야 하는 '활동'으로 구성된다. 여기서 상황이라 함은 학생들이 겪고 있거나 겪을 법한 실제 상황을 의미한다.

예를 들어, '국회'라는 주제를 학습할 경우 문제 상황은 현재 우리 학교의 대의원회가 갖는 실제 문제이다. 대의원회의의 바람직한 역할을 제시하는 과제를 수행하기 위해 국회와 국회의원의 역할과 권한을 학습하는 것이다. 모든 단원의 문제 상황은 이러한 요소를 결합하여 설계되었다.

문제 상황 사례	국회의 권한과 역할(내용) + 대의원회(상황) + 개정안 제출(활동)

나는 우리 학급의 회장으로 대의원 회의에 참석했다. 첫 번째 대의원 회의라 무엇을 하는 곳인지 궁금하기도 하고, 기대가 되기도 했다. 그런데 대의원 회의를 하는 동안 원래 갖고 있던 궁금함은 해결되지 않고, 새로운 질문들이 머릿속에 가득 찼다. 회의 내내 아이들은 떠들고, 터무니없는 주장을 하고 있다. 게다가 우리가 원하는 것에 대해 토론하고 나면 그다음 절차는 무엇인지도 모른 채 자기 주장만을 늘어놓고 있다. 집으로 돌아오는 길에 나와 친구는 고민에 빠졌다. 대의원 회의는 학급 회장들이 주로 모인 자리인데 우리가 무엇을 해야 하는지, 대의원 회의는 어떤 모습이어야 하는지.

집에 돌아와서 우리 학교 규정을 살펴보니 대의원 회의의 역할이나 권한에 대한 내용이 없다. 나는 국회와 같은 대표 기관의 역할을 참고하여 학교운영위원회에 규정 개정 의견을 제출하고자 한다. 현재 대의원 회의에서는 무엇을 할 수 있을까? 앞으로 대의원 회의는 어떤 역할을 해야 할까?

사회 학습을 문제 상황으로 시작하는 것은 학생들이 학습자이기

이전에 시민으로서 실제 문제에 대한 관심을 갖고, 학습을 심화시키도록 유도하기 위함이다. 따라서 상황, 내용, 활동을 효과적으로 결합시키는 것이 사회 학습에서 가장 중요한 일이자 교사에게는 가장 어려운 일이 되고 있다.

학생 주도의 실제 문제 해결 프로젝트 학습
: 체인지메이커 교육[7]

이해 - 토론 - 적용 활동을 통해 단원별 활동을 수행했다면, 학기말에는 약 2~3주 정도의 기간 동안 학생 주도의 프로젝트 활동을 진행한다. 앞의 이해 - 토론 - 적용 활동은 프로젝트 활동을 수행하기 위한 사전 활동(작은 프로젝트)이라고 볼 수 있다. 학기말 프로젝트 활동은 학생들이 학기 중 교과 내용과 관련하여 '사회적 문제'를 발견하고, 협업을 통해 문제 해결을 실천하는 것이다. 이해 - 토론 - 적용 활동에서의 문제 상황이 교사의 의도대로 설계된다면, 학기말 프로젝트 활동에서의 문제 상황은 학생들이 스스로 발견해야 한다.

물론 학생들이 프로젝트의 문제를 직접 발견하도록 권장하지만, 이를 어려워할 경우 교사가 예시 문제들을 제안하기도 한다. 프로젝트를 진행하는 동안 교사는 각각의 단계마다 수행해야 할 활동을 다

---

7 자세한 내용은 『세상을 바꾸는 수업 : 체인지메이커 교육』(푸른칠판)을 참고.

양한 방식으로 안내하고, 팀별로 피드백을 제공한다. 피드백에 따라 활동 결과가 달라지기 때문에 학생들은 매 시간마다 교사를 찾아온다. 교사 입장에서는 가장 많은 에너지를 피드백에 쓰게 된다.

학생들은 프로젝트 진행 과정에서 반드시 자신들이 세운 해결책을 실천해야 한다. 학생들이 가장 어려워하는 부분이지만, 아이러니하게도 가장 보람 있어 하는 부분이기도 하다. 학생들의 욕구, 목표, 수준 등에 따라 실천할 수 있는 내용과 정도는 달라진다. 적극적인 학생들은 학교 전체나 지역사회에서 실천한다. 그러나 소극적인 학생들은 종종 어려움을 겪는데, 이들에게 교사는 학급 수준 혹은 소수 인원에게 실천해 보라고 조언한다. 교과 학습에서의 실제 문제 해결 활동은 안전지대(Safy Zone)에만 머물러 있던 학생들이 다소 위험지대(Dangerous Zone)로 보이는 곳에 뛰어들어 보는 것이다. 따라서 실행 수준에 관계없이 해결책을 행동으로 옮겨 보는 경험이 중요하다.

이 과정에서 학생들은 교사가 안내한 단계가 아닌, 자기만의 방식으로 문제를 해결하려고 하기도 한다. 물론 실제 문제 해결 활동에 정해진 절차와 방법론이 있는 것은 아니다. 그러나 교과 수업에서는 수많은 선행 경험에서 밝혀진 절차와 방법을 학생들에게 지키도록 한다. 수업에서 각 단계를 경험해 본 후 실제로 문제 해결을 하게 될 때, 이러한 단계를 변형하거나 응용할 수 있을 것이다.

프로젝트 활동이 끝나고 나면, 몇몇 학생들은 해당 프로젝트를 지속해 보고 싶다고 말한다. 실제로 수업에서 시작한 프로젝트가 동아

체인지메이커 프로젝트 활동 구조

리 활동으로 이어지고, 사회 참여로 연결된 사례들이 있다. 아마도 체인지메이커로서의 작은 경험이 자신의 체인지메이커성을 깨우고, 행동할 수 있다는 용기를 갖게 했을 것이다.

내가 이 프로젝트를 시작할 때만 해도 이 문제는 내가 해결할 수 없는 문제라고 생각했는데, 시간을 거듭할수록 이 문제에 대한 해결책이 조금씩 나오면서 욕심이 생겼다. 우리 모둠은 코르셋 문제에

대해 문제 해결 방법을 생각해 보았는데, 이 문제를 생각하면서 일
단 나부터 바뀌어야겠다고 생각했다. 이 문제를 많은 사람들에게도
알리고 싶어졌다.

― ○○○ 학생 성찰일기 내용

사회 학습과 관련한 다양한 프로젝트 학습 활동

실제 문제 해결을 위한 프로젝트 학습의 토대

실제 문제를 통한 학습이 앎과 삶을 연결하는 활동으로서 주목받
고 있지만 우리나라의 교육 현실에서 이를 실행하는 것은 쉽지 않다.
우선 학습해야 할 많은 내용 요소, 엄격한 평가, 빠듯한 학사일정 등
은 프로젝트 학습을 준비하는 교사에게 큰 부담이 된다. 물론 학생들
에게도 학습 부담으로 작용할 수 있다. 이 과정에서 교사의 수업 의
도가 왜곡될 수도 있다.

사회 수업에서 핵심 내용 요소를 중심으로 단원별 통합성취기준
을 만든 것은 이러한 어려움을 극복하기 위한 노력이었다. 또한 학습
목표를 공유하기 위해 학기 시작 시 학부모에게 수업 활동 내용을 편

지에 담아 안내한 것도 수업의 의도를 설명하고, 학생·학부모·교사가 목표를 공유하기 위한 것이었다. 즉, 실제 문제 해결을 위한 프로젝트 학습을 위해서는 단원별 수업 준비 못지않게 프로젝트 학습을 위한 환경을 준비하는 것이 중요하다.

물론 교사의 노력만으로 이러한 수업이 이루어지지는 않는다. 정책적으로도 국가수준 교육과정 축소, 교사의 교육과정 자율권 확보를 위한 노력이 필요하다. 학생들이 처한 상황과 지역사회의 맥락을 반영하고, 깊이 있는 학습과 실제 문제 해결을 위한 여유 있는 시간이 프로젝트 학습에 있어 중요하기 때문이다. 또한 학생들을 단지 입시를 통과하기 위한 학습자, 평가 대상으로만 바라볼 것이 아니라, 이 사회의 주인이자 시민으로 인식해야 한다. 학생들은 자기의 수준과 상황에서 문제를 발견하고 해결해 본 경험을 토대로 성인이 되어서 더 큰 사회문제에 참여할 것이다.

6

호기심과 질문
그리고 탐구

학생의 미래의 삶에 수학이 필요한가

수학은 왜 필요한가? 미래사회에 인수분해가 어디에 쓰일까? 수학 중에서도 빅데이터, 통계 정도만 중요해지는 거 아닌가?

역사적으로 2천 년이 넘는 시간 동안 세계 모든 문화권에서는 수학을 가르쳐 왔다. 그 내용 또한 변한 적이 없다. 그런 학문이 또 어디 있겠는가. 하지만 수학을 공부해야 하는 이유로 이것만을 꼽는 것은 소위 '꼰대'스럽다.

그럼 논리는 어떨까? 살면서 논리적으로 말하는 것은 중요하고, 그 정점에 수학이 있다. 그럴듯해 보이지만 조금 눈을 돌려 보면 다른 모든 교과에도 논리가 있다. 국어 시간에는 토론 수업을 했고, 도덕 시간에는 삼단논법 등의 논리를 배우기까지 했다. 수학에서만 논리를 배우지는 않는다는 의미다. 다른 교과와는 다른 측면의 논리를 수학에서 찾자면 연역이다. 공리를 기반으로 하는 논리 체계를 가진 학문은 수학뿐이다. 수학과 가장 비슷한 과학도 귀납적 학문이라서 연역은 수학만의 영역이다. 그런데 이 말을 들은 사람들이 물었다.

"그걸 왜 해야 하나요?"

결국 "왜?"라는 질문을 해야 하는 이유가 필요하다. 궁금해야 한다. 어린 시절 그렇게 많던 질문은 이제 모두 사라졌다. 사람들은 세상을 신기해 하지 않는다. 왜냐고 물어봤자 복잡하고 알 수 없는 대답이 돌아오기 때문이다. 하지만 수학은 그렇지 않을 수 있다. 수학은 공리에서 출발한 학문이기 때문에 왜인지 묻기만 하면 끝까지 대답해 줄 수 있다. 여기서 중요한 건 '왜인지 묻기만 하면'이다. 그래서 호기심을 갖고 질문하며 탐구케 하는 미래학교의 수학 수업은 학생의 미래의 삶에 필요하다. 이것이 바로 미래를 이끌어 갈 학생들이 수학 수업에서 얻어 갈 수 있는 것이다.

수업 중 질문으로 호기심을 촉진하자

수학 교과서는 매우 논리적이다. 교과서는 논리적 오류가 없어야 하므로 탐구 활동 - 정당화 - 정리 - 문제 순으로 집필된다. 이 순서가 호기심을 갖기에는 조금 부족하다고 생각했다. 교사가 할 질문과 답이 이미 다 적혀 있다면 궁금하지 않을 것이기 때문이다. 그래서 활동지도 되도록 따로 만들지 않기로 했다.

　도입 활동 – 정리 – 문제 – 정당화 순으로 수업 흐름을 생각하고, 빈 칠판과 함께 수업을 진행했다. 도입 활동을 통해 결론에 해당하는 정리를 확인하고, 이를 이용하여 문제를 풀다가 그 이유가 궁금해질 무렵에야 정당화에 착수하는 방식이다. 예를 들어, '피타고라스 정리'를 배울 때의 수업 흐름을 다음과 같이 바꾸었다. 학생들에게 조금 더 와 닿을 것 같은 도입 활동을 고민하고, 기본이 되는 지식을 앞에 배치하여 간단한 문제를 풀게 한다. 그럼 학생들은 "이게 왜 성립하지?"라는 호기심이 생긴다. 그제서야 정당화를 하는 방식이다.

재구성한 수업 흐름

　큰 흐름에서 재구성도 의미가 있지만, 수업 중 학생들이 호기심을 일으킬 만한 발문을 던지는 것은 더욱 중요하다. 수업에서 학생들에게 호기심이 생기는 순간들은 종종 나타났다.

교사 : 양수와 양수를 곱하면 양수가 되어야 수가 확장되는 과정에서 기존의 규칙이 깨지지 않겠죠. 그래서 수학자들은 $(+2)\times(+3)=(+6)$이라고 약속했습니다. 그렇다면 음수와 음수를 곱하면 뭐가 된다고 약속했을까요?

학생A : 음수요. 양수와 양수를 곱하면 양수니까, 음수와 음수를 곱하면 음수가 나와야죠.

교사 : 아, 논리적인 생각이에요. A학생의 말대로 약속하면 괜찮을까요?

2016년 1학년, 정수의 곱셈을 다루는 시간이었다. 학생A는 너무 당연하다는 듯 위와 같이 자신의 의견을 냈다. 소수의 학생들은 그럴 수 있다는 듯 끄덕였지만, 대부분의 학생들이 당황했다. 예습한 내용과 다른 이야기였기 때문이다. 하지만 $(-2)\times(-3)=(-6)$이라고 약속하면 안 되는 이유에 대해서는 아무도 설명하지 못했다. 교사는 "그런데 $(-2)\times(-3)=(+6)$으로 약속했다."고 말했고, 학생들은 호기심이 생겼다. 지식을 그냥 받아들이는 것이 아니라 왜인지 생각해 보게 된 것이다. 학생A의 질문 덕분이었다.

교사 : 이제 빗변의 길이가 주어진 직각삼각형에서 표시된 예각의 대변의 길이를 구해 보세요. 옆에 있는 표를 이용하면 됩니다. (시간이 지난 후) 하나씩 확인해 볼까요?

학생B : 선생님, 이거 계속 표랑 문제를 왔다 갔다 하는 게 너무 귀

찮은데 바로 찾을 수 있는 방법은 없나요?

교사 : 변의 길이가 주어진 직각삼각형에서 표시된 예각의 대변의
　　　길이를 계산기에 명령하기는 어려울 거 같은데. 그래서 수학
　　　자들은 용어를 사용하기로 했어요. sine입니다.

2018년 3학년 수업에서 삼각비의 정의를 설명하는 시간이었다.
삼각비의 정의를 도입하는 과정에서 교과서 방법과는 조금 다른 사
전 활동을 하던 중이었다. 용어의 도입이 억지스러울까 걱정하던 교
사에게 학생B의 질문은 한 줄기 빛이 되었다. 그리고 학생들은 용어
를 도입하는 것에 동의할 수 있었다.

교사 : $\sqrt{2}$는 1.×××××로, 제곱해서 2가 되는, 소숫점 아래 수가
　　　무한하다고 알고 있죠. $\sqrt{3}$도 마찬가지, 1.×××××이구요,
　　　$\sqrt{6}$도 2.×××××입니다. 그런데 $\sqrt{2}$랑 $\sqrt{3}$을 곱하면 아래처
　　　럼 계산이 돼요. 제곱하면 6이 되는 $\sqrt{6}$과 이 결과는 소수점
　　　아래 모든 자릿수가 똑같이 나올 거라는 보장이 있을까요?

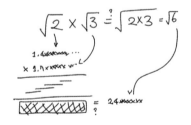

학생C : 아니요. 비슷할 수는 있지만 소수점 아래 100번째쯤에서

달라지지 않을까요?

교사 : 그런데 교과서에는 $\sqrt{2} \times \sqrt{3} = \sqrt{6}$ 이라고 되어 있는데?

학생C : 그 값이 $0.0000000...1$ 정도 차이로 무시할 만해서 그렇게 썼을 것 같아요.

교사 : 수학은 그런 학문이 아니잖아요.

2019년 3학년 수업에서 제곱근의 연산을 배우는 시간이었다. $\sqrt{2} \times \sqrt{3} = \sqrt{6}$ 은 받아들이기만 하면 되는 매우 간단한 내용이다. 하지만 여기서 곱셈을 신기해 하기를 바라는 마음으로 질문을 했다. 학생C 덕분에 학생들은 무리수의 곱셈이 생각만큼 간단하게 나온 게 아님을 짐작하게 되었다. 그리고 궁금해 했다.

꼭 질문을 해야 하는 시스템을 만들자

수학 시간에 학생들은 교과서, 공책 없이 수업을 듣는다. 단, 수업이 끝난 뒤 백지를 나눠 갖고, 수업 내용을 다시 정리해야 한다. 기존의 공책 정리 방식이 갖던 수동적 측면을 보완하고, 복습 도구로 활용할 수 있도록 만든 '나만의 수학 공책' 포트폴리오 평가이다. 2018년부터 이 공책에 '오늘의 질문'란을 만들고, 학생들에게 매 시간 질문을 하나씩 반드시 해야 한다고 했다. 사전에 별다른 교육을 하지는 않았다. 다만 질문을 꼭 하라고 당부했을 뿐이다. 학생들이 적어 낸 질문은 놀라웠다. 학생들은 생각보다 많은 것들을 궁금해 했고, 알고 싶어 했다.

인수분해가 안 되면 이차방정식도 못 푸나요?

인수분해를 배운 후 이차방정식 첫 시간. 인수분해를 이용하여 이차방정식을 푸는 방법을 알려 주었다. 인수분해를 할 때부터 x^2+2x-1과 같이 인수분해가 되지 않는 이차식을 만났던 학생들이 위와 같이 질문하는 것은 지극히 자연스러웠다. 이 질문을 토대로 다음 시간에 이차방정식의 근의 공식을 제시했다. 노래를 부르며 근의 공식을 외웠고, 이걸로 구한 해를 다시 이차방정식에 대입해 보니 등식도 성립했다. 이제 풀리지 않는 이차방정식은 없는 듯했다. 그래서 많은 학생들의 호기심이 다음 질문으로 이어졌다.

이차방정식의 근의 공식이 $x = \dfrac{-b \pm \sqrt{b^2-4ac}}{2a}$ 인 이유가 있나요?

교과서 흐름을 따른 수업이었다면 나오지 않을 질문이다. 당연히 이후의 수업은 근의 공식을 정당화하는 것에 초점을 맞추었다. 모두가 정당화 과정을 이해할 수 있었던 것은 아니지만, 이 공식이 논리적인 절차를 통해 유도되었다는 사실은 확실히 알게 되었고, 근의 공식은 무겁지 않게 외울 수 있었다.

곱셈은 덧셈을 여러 번 하는 거니까, 2×3은 2를 3번 더한다는 거잖아요. 그럼 $\sqrt{2} \times \sqrt{3}$은 $\sqrt{2}$를 $\sqrt{3}$번 더하는 건가요? 이상해요.

어떤 수를 $\sqrt{3}$번 더한다는 것은 실제로 불가능하다. 하지만 교사도 지금까지 이걸 이상하다고 느낀 적이 없었다는 사실이 더 충격적이었다. 이 학생에게 답을 해 주면서 그 안에 담긴 수학적 의미를 말해 주는 것도 즐거웠지만, 이걸 궁금해 하는 학생을 만났다는 사실이 더할 나위 없이 행복했다.

- '중근'은 한자로 重根으로 무거운 근인데요, 그렇다면 가벼운 근(경근, 經根)은 없나요?
- 정삼각형, 정사각형의 넓이 공식이 있으니, 정오각형, 정육각형도 높이나 넓이 공식이 있나요?
- 정삼각형이 아니라 이등변삼각형이나 일반 삼각형은 높이와 넓이를 구할 수 없는 건가요?
- 삼각비는 있는데, 오각비, 육각비는 없을까요?
- 직육면체에 대각선이 있다면, 원기둥, 원뿔, 구에도 대각선이 있나요?

위의 질문들은 학생들이 가장 많이 보여 준 질문의 패턴이다. 1, 2, 3을 배운 후 4를 궁금해 하기 시작했다. 몇 가지는 귀엽게 보였고, 몇 가지는 생각도 못 했던 것들이라 놀라웠고, 몇 가지는 매우 깊이 있는 수학이 필요한 질문이었다. 학생들에게는 이 패턴으로 질문을 만드는 것이 가장 자연스러운 발산적 사고였던 것으로 보인다.

대부분의 질문에 대해서는 되도록 간단히 답변을 적어 돌려주었다. 그 외에 답변하기에 너무 심오한 내용이 필요하다거나, 다른 친구들과도 함께 이야기할 시간이 필요하다고 생각되는 것들은 단원이 끝날 무렵 '질문 모음' 시간에 다 함께 다루었다.

학생의 질문은 다음 차시의 수업에 포문을 열어 주기도 했다. 2018학년도 2학기 수업의 55%를 학생의 질문으로 시작했을 정도였다. 학생들은 자신들의 흥미를 따라 수업이 진행된다고 생각했고, 그 덕분에 수업에 더 자연스럽고 빠르게 몰입했다.

학생들은 어떤 마음으로 질문을 했을까?

2018년 12월, 3학년 학생들에게 한 학기 동안 해 왔던 질문의 동기를 물었다. 79명의 학생 중 58명이 참여했고, 총 681개의 질문에 대한 답이었다. 친구가 쓴다고 했는데 자신도 그게 궁금해서 적은 질문이 3.8%, 쓸 게 없어서 아무 말이나 쓴 것이 23.9%였다. 그리고 놀랍게도 정말 궁금해서 적은 질문이 무려 69.0%였다. 학생들은 이 많은 질문을 이제까지 어떻게 참고 살았을까? 질문하지 않는 학생들 뒤에는 학생들의 궁금증을 궁금해 하지 않은 교사가 있었다.

탐구를 점검할 수 있는 평가를 하자

학생들은 호기심이 생겼다. 궁금해지기 시작했고, 이를 탐구해서 자신의 지식으로 만들어야 한다. 인내가 필요한 지루한 과정이다. 그래서 그 과정을 평가와 연결하기로 했다. 어떤 사람은 이게 '교육과정 – 수업 – 평가 – 기록의 일체화'라고 말하고, 어떤 사람은 이걸 '과정중심평가'라고 말한다. 그런 이론이 먼저 보인 것은 아니었다. 그냥 수업과 평가를 잘해 보고 싶었고, 나를 믿는 학생들을 배신하고 싶지 않았다.

면담 평가의 도입

고상숙 외[8]는 수학과의 면담 평가를 교사가 학생과 일대일로 대화를 하면서 학생의 사고 과정이나 문제 해결의 과정을 보다 심층적으로 알아볼 수 있는 평가 방법으로 정의한다.

이 정의에 따른 면담 평가를 단원마다 진행하고 있다. 지식의 이해에 대해 심층적으로 판단하기 위해, 학생과 교사가 독립된 공간에서 일대일로 만나 대화를 한다. 학생은 미리 공개되었던 문제를 교사 앞에서 풀고, 그 과정을 교사에게 설명한다. 교사는 학생의 풀이 과정을 보며 추가 질문을 한다.

---

8 고상숙 외(2012), 수학교육평가론, 경문사

교사 : (직육면체에 세 모서리의 길이를 적으며) 대각선을 그리고, 그 길이를 구하세요.

학생 : (밑면의 대각선을 구하고, 직육면체의 대각선을 구한다.)

교사 : 왜 이렇게 나오나요?

학생 : 피타고라스 정리를 사용한 건데요, 피타고라스 정리는······ (사다리꼴을 그리며 정당화한다.) 그래서 $a^2 + b^2 = c^2$입니다.

교사 : 그런데 이 각은 왜 90도인가요?

학생 : 삼각형의 내각의 크기의 합은 180도이기 때문입니다.

교사 : 삼각형 내각의 크기의 합은 왜 180도인가요?

학생 : 아······ 모르겠어요.

교사 : 그럼 여기서 사다리꼴의 넓이를 사용했는데, 이 도형이 사다리꼴인 이유는요?

학생 : 이 두 각이 직각이라서 두 변이 평행합니다.

교사 : 이 두 각이 직각이면 두 변이 평행한 이유는요?

학생 : 아······원래 그러는 건데······.

면담 평가용 채점기준표는 성취기준을 기반으로 만들어졌고, 학기 초에 학생들에게 모두 공개했다. 학생들은 성취기준에 따라 평가받 지만, 면담 평가에서는 이전 학습 내용까지 다루는 일이 많다. 그 경 우 성적에는 포함되지 않는다. 다만 학생들에게 끊임없이 왜인지 묻 는 태도와 습관을 기르는 것을 목적으로 둔다. 학생들도 이 질문이 성적에 영향을 끼치지 않는다는 사실은 알지만, 어떤 사실을 말할 때에는 그 근거를 명확하게 들 수 있어야 한다는 점을 익힌다.

정기고사 문항의 변화

수업에 성실하게 참여한 학생은 100점을 받을 수 있는 평가. 그래서 학교를 믿고 공부하면 되도록 해 주고 싶었다. 그러기 위해서는 수업 시간에 강조한 것들을 중간·기말고사에서 출제해야 한다.

수학과의 평가는 다른 교과와 마찬가지로 학생의 성장을 목표로 하면서도 유독 변별을 강요받는다. 그렇다고 해도 수학에서 어떤 평가를 해야 할지, 무엇을 물어야 학생들의 미래의 삶에 도움이 될지를 우선 고민했다. 다음은 이와 같은 고민 끝에 만들었던 시험 문제의 일부다.

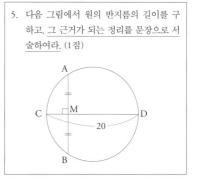

12. 어떤 학생이 다음 문제를 보고 아래와 같이 답을 적었다. 이 학생이 쓴 답이 맞았는지 틀렸는지 판단하고, 그 이유를 말하여라.(2점)

문제〉 a^2+3a+2를 인수분해하여라.

답〉 $a(a+3)+2$

10. a가 양수일 때, $\sqrt{a^2}=a$인 이유를 $\sqrt{A}$ 의 의미를 이용하여 설명하여라.(2점)

5. 다음 그림에서 원의 반지름의 길이를 구하고, 그 근거가 되는 정리를 문장으로 서술하여라. (1점)

문제집과 같은 형태의 문제는 교과서 문제를 거의 그대로 출제하고, 그 이외의 문제는 이와 같이 수업 시간에 강조한 것들을 담았다. 대부분 이유를 설명케 하는 문제들로, 수업 시간에 치열하게 탐구했던 내용이다. 수업에 잘 참여했고, 그 내용을 온전히 자신의 것으로 만든 학생들만이 이 문제들을 잘 풀어 냈다.

의미와 과제

질문하는 학생과 범교과 수업의 필요성

학생들에게 반드시 매 시간 질문하라고 하면서 정작 그 방법을 안 내하지 못했다. 질문 형성 기법이나 질문 생성 규칙 등을 미리 학습케 한다면 학생들이 더 좋은 질문에 대해 고민하고, 질문을 만들어 내는 것을 즐거워했을 수 있다고 생각한다. 다만 이에 대해 어느 교과에서 학습해야 할까? 미래사회를 살아가는 데 필요한 역량은 다양해지고, 이는 특정 교과 내용에 국한되지 않는다. 기존의 교과 중심의 학교교 육이 다루지 못하는 교육을 할 수 있도록 더 열린 시스템이 필요하다. 이를 위해 각 교과에서 내용 요소를 조금씩 포기할 필요도 있다.

교사 주도의 수업과 수업 문화

학생 참여 수업은 중요하다. 교사가 혼자 강의하고, 학생들은 이에 끌려가기만 해서는 진정한 배움이 일어나지 않기 때문이다. 그렇다 면 수학에서 학생의 참여는 무엇을 의미할까?

학생들이 어떤 '행동'을 하고, 특별해 보이는 '산출물'을 만들어 낸 다면 그걸로 만족할 수 있을 것이라 생각하지 않았다. 수학 수업에 참여하는 학생은 끊임없이 생각하고, 이를 표현할 수 있기를 바랐다. 그래서 다소 교사가 수업 주도권을 갖고 있었다.

감사하게도 창덕여중 학생들은 교사에 대한 신뢰와 수업에 대한 집중력이 높으며, 자신의 의견을 활발하게 나누는 태도를 갖고 있다. 이는 창덕여중의 수업을 비롯한 모든 시스템이 만들어 낸 문화이다. 하지만 이 문화를 배경에 두지 않고서는 지금과 같이 교사가 주도하는 수업은 쉽지 않을 것이라고 생각한다. 그렇다면 조금 더 학생들이 몰입할 수 있도록, 학생 주도의 다양한 활동이 필요하다.

미래사회 도구로서의 수학

미래사회를 대비하는 학생이 갖춰야 하는 역량 중 하나는 스스로 질문을 만들고, 이를 탐구하는 자세라고 생각한다. 새로운 사실을 접했을 때, 그 사실이 참임을 탐구하고, 기존에 갖고 있던 지식과 연결할 줄 알아야 한다. 이를 연습하는 도구로서 수학은 충분히 적합한 학문이라고 생각했다.

이와 같은 관점을 갖는 교육은 수학 자체를 목적으로 하지 않는다. 호기심을 갖고 질문하고 탐구할 수 있다면 그 대상이 무엇이든 관계없어 보인다. 그래서 여전히 미래교육에서 수학이 가져야 하는 위치는 과제로 남아 있다. 4차 산업혁명, 인공지능, 빅데이터 등 수학이 필요한 영역은 확실히 증가하고 있다. 하지만 학교 수학이 정말 모든 학생에게 필요하다고 확신할 수는 없다. 모든 학생들이 배워야 하는 수학은 어느 선까지일까? 혹시 지금처럼 수학은 그 자체의 필요성보다 사람을 변별하는 도구로써의 기능이 강조되는 것은 괜찮을까?

학생들이 수학을 통해서 문제를 맞추는 요령보다는 논리적으로 탐구하고 사고하는 태도를 배웠으면 했다. 항상 이유를 생각하고, 정당화하지 않은 사실은 의심하는 태도, 이는 수학보다 철학에 가까운 느낌이기도 하다. 미래사회에서 수학이 학생들에게 어떤 가치를 지닐지, 꾸준히 고민해야 할 부분이다.

7

성장을 위한 성찰

수업으로 되돌아가는 교사

교사들 중에는 수업보다 업무에 대해 더 많이 고민하고 노력하는 경우가 있다. 수업은 조금 못해도 티가 나지 않지만, 업무는 실수가 생기면 바로 티가 난다고 생각하거나, 주변 교사에게 수업보다는 업무에 대한 피드백을 더 많이 받기 때문이다. 이러한 생활을 하다 보면 수업에 대한 열정이 가득하던 신규교사가 어느새 업무 전문성만 비대하게 발달한 행정 전문가로 변하기도 한다. 창덕여중에는 이러한 상황을 불편해 하는 교사가 많았다. 그리고 그 불편함을 동료 교사들과 함께 해결하며 학교에 적응한다.

평가 학습공동체와 수업성찰반

창덕여중은 학습공동체가 활성화되어 있다. 다양한 주제를 가진 학습공동체 중에는 수업과 평가를 주제로 학습하는 공동체도 있었다. 몇 해 전까지만 해도 낯설었던 과정중심평가에 대한 논의가 중심이었지만, 지금 다시 생각해 보면 특정 평가 개념이 아닌 더 좋은 평가가 무엇인지에 대한 본질적인 고민을 하는 공동체였다.

이러한 학습공동체는 '수업성찰반'이라는 교사 간의 자생적이고 비공식적인 공동체와 연결되어 있었다. 당연하지만 평가에 대한 고민은 수업과 연결되었다. 당시 작성했던 공유 노트를 보니 블록수업, 실험 수업, 문제 풀이, 정성평가에 대한 고민이었다. 이전에는 마음속에 넣어 두고 교사 혼자 하던 고민을 동료와 함께 해결하기 시작했다.

2017년 수업성찰반 공유 노트

동료와 수업과 평가에 대한 깊은 대화를 나눈다는 것도 신기했지만, 다른 과목 교사들과 이야기한다는 것이 더욱 색다른 경험이었다. 예를 들어, 수학 교사가 생각하는 재도전의 기회 부여, 학생별 자기주도 활동지인 '나만의 수학 공책'이나 사회 교사의 수업 구조화와 개별화 학습의 아이디어가 과학 수업과 평가 개선에 많은 시사점을 던져 준다.

과정중심평가 속 피드백

창덕여중은 과정중심평가가 공문에 의해 강조되기 이전부터 과정중심평가를 실천하기 위해 노력하고 있었다. 처음 과정중심평가를 접할 때는 과정중심평가의 목적이 무엇인지, 어떠한 평가를 해야 과정중심평가에 가까워지는지 이해하기 어려웠지만, 끊임없이 노력하고 이해한 내용을 나누었다. 그 결과 과정중심평가를 실천하기 위해서는 피드백이 가장 중요한 요소라는 결론에 이르렀다. 피드백에 대해 고민하던 중 피드백에 대한 논의가 대부분 '교사가 학생에게 피드백을 제공한다.'에 머물러 있음을 깨달았다. 이 고민은 '학생은 교사가 주는 피드백을 잘 받고 있을까?'라는 고민으로 발전하였고, 학생이 피드백을 잘 받고 있는지 확인할 수 있는 방법을 찾다가 '성찰 활동지'를 만들었다.

나중에 알게 된 사실이지만 과정중심평가와 피드백에 대한 개념은 이미 학부 시절에 정리해 놓은 교과교육론 노트에 수행평가의 특징으로 기록되어 있었다. 몰라서 못 했다기보다는 크게 신경 쓰지 않아 '안 하고' 있었던 것이고, 새로운 것이 아니라 '기본적인 것'이었다.

학생이 성찰하는 과학 수업 시작하기

과학 수업에서 실험 활동이 종료되면 학생들에게 활동의 정답, 유사 정답, 오답의 유형 등에 대해 안내하며 전체 피드백을 제공한다. 이때 학생들은 자신의 활동지를 채점한다. 채점이 종료되면 전체 피드백 자료를 화면에 띄워 주고, 학생들은 자신이 부족했던 점을 성찰 활동지에 정리한다. 교육학에서 자주 언급되는 메타인지를 자극하는 활동이 진행되는 것이다.

초기에는 단순히 과제가 끝나고 제공되는 전체 피드백을 그냥 흘려듣지 말라는 의미에서 백지 위에 자신이 부족했던 부분을 정리하는 것만 요구했다. 학생들의 특성에 따라 글이든 그림이든 원하는 형

초기 성찰 활동지

태로 작성토록 하면서도 과학 교과에서 자주 사용되는 그래프나 그림을 그리기 편하도록 배경을 눈금 무늬로 넣어 주었다.

예시된 성찰 활동지를 자세히 보면 오른쪽 아래 평면거울에 의한 상이 반대로 그려져 있다. 활동지를 성실하게 작성한 것으로 미루어 볼 때 이 학생은 수업에 열심히 참여했을 것이다. 그럼에도 여전히 과학적 오개념을 갖고 있는 것이다. 하지만 여기서 중요한 것은 학생이 오개념을 갖고 있다는 사실이 아니라, 교사가 학생의 오개념을 확인했다는 사실이다. 교사가 준 피드백을 학생이 잘 받아들이고 있는지 확인할 필요가 있음을 보여 주는 장면이다. 성찰 활동지를 보고 교사가 마지막 피드백을 던져 주는 순간 학생은 비로소 성장하게 된다.

성찰 활동 의미 더하기

가벼운 마음으로 시작했던 성찰 활동지는 부족한 부분을 보완하고, 다양한 장점을 발견하며 그 의미를 더하고 있다.

모두를 위한 개별 피드백

수업 시간 중 학생들에게 개별화된 피드백을 주고 싶었지만, 그 시간 동안 학생들에게 무엇을 하도록 해야 할지 고민이었다. 그 고민은 성찰 활동을 하며 자연스럽게 해소되었다. 교사의 전체 피드백이 종료되고 학생들이 각자 성찰 활동을 하는 동안, 교사는 채점을 하지 않은 학생, 전체 피드백으로는 부족한 학생에 대해 개별 질문을 받으며 학급을 순회한다. 개별 피드백이 진행되는 것이다.

과학 수업을 진행해 보면 성취도가 낮은 학생들보다는 성취도가 높은 학생들이 좋아하는 경향이 있다. 과학이라는 과목이 갖는 특수성이라고 합리화하기에는 아쉬움이 있어 같은 고민을 갖고 있는 다른 교과 교사와 이야기를 나누었다. 이 과정에서 수업의 여러 과제들이 어느 정도의 성취도를 가진 학생에게 적합할지 나누어 봐야겠다는 생각을 했다. 그 결과를 보니 성취도가 낮은 학생들이 할 수 있는 평가는 성찰 활동지라는 결론에 이르렀다. 화면에는 전체 피드백이 떠워져 있고, 교과서를 참고할 수 있고, 원하면 교사가 일대일로 추가 피드백을 해 주기 때문이다. 그래서 성찰 활동지를 성적에 반영하게 되었다. 성취도가 낮은 학생들도 할 수 있는 과제를 얻고, 이를 수행하며 적은 점수나마 받을 수 있는 '기회'를 갖게 해 주고 싶었다.

성찰 활동을 소개하다 보면 상수준 학생 중 만점을 받은 학생들은 무엇을 성찰해야 하는지 궁금해 하는 교사들이 많다. 개인적인 수업 경험을 돌아보면 만점을 받은 학생들도 모든 문제를 완벽한 모범답안으로 쓰는 경우는 거의 없었다. 교사가 채점 기준을 모범답안보다 조금 더 넓은 범위로 설정했기 때문이다. 그래서 만점을 받았더라도 교사는 학생에게 부족한 부분을 개별적으로 피드백하고 이를 성찰하도록 한다. 성찰 활동을 통해 만점만을 추구하는 것이 아니라, 더 좋은 답을 찾는 것을 추구하는 '도전'을 제안하는 것이다.

재도전의 기회와 성찰에 대한 평가
― 정기고사의 의미

"학생은 교사가 주는 피드백을 잘 받고 있을까?"라는 고민은 "학생은 교사가 주는 피드백을 받을 필요가 있을까?"라는 고민으로 발전했다. 성찰 활동은 누구나 하고자 하는 의지만 있다면 점수를 얻을 수 있다는 점도 있었지만, 그것만으로는 부족했다. 이러한 생각은 수업 과정에서 재도전의 기회를 부여하는 다른 과목의 사례를 보며 생각한 과학 수업 속 재도전의 기회, 과정중심평가 속 정기고사의 의미라는 두 고민과 연결되었다.

이 고민을 해결하기 위해 수행평가와 연계된 정기고사를 실시하고 있다. 수행평가 후 부족한 부분을 성찰하며 성장했다면, 그 성장을 발휘할 기회가 있어야 성찰 활동이 학생들에게 필요한 활동이 될 수 있다고 생각했기 때문이다. 수행평가와 유사한 과제들을 정기고사에서 다시 던지면서 학생들에게는 수행평가보다 더 엄격한 채점 기준을 준다고 안내했다. 비슷한 과제지만 더 좋은 답을 쓸 수 있는가를 확인하기 위함이다. 결국 학생들은 비슷한 과제를 이론 수업, 수행평가, 성찰 활동, 정기고사 등 총 4회에 걸쳐 학습하며 끊임없이 성찰하고 성장한다.

이러한 정기고사가 끝나고 학기말 수업 설문조사에서 정기고사에 대한 학생들의 생각을 물었다. 학생들은 대체로 긍정적인 반응을 보였다. 이런 방식의 정기고사가 평소 수업에 열심히 참여해야 하는 이유가 되고, 재도전의 기회가 되며, 시험이라는 제도의 본래 취지에 맞는 것 같다는 반응을 보였다.

> 수업을 열심히 들으면 시험을 잘 볼 수 있어서 좋다.
>
> ─2학년 ○○○ 학생

> 시험은 자신이 공부한 것을 얼마나 아는지 확인하는 것이라고 배웠는데, 수행평가로 공부했던 것이 기말고사에 나오는 점이 좋은 것 같다.
>
> ─2학년 ○○○ 학생

> 수행평가에서 틀려서 아쉬운 문제를 다시 한 번 공부해서 그 실수를 만회할 수 있다.
>
> ─1학년 ○○○ 학생

> 좋다. 학교에서 하는 학습만으로도 만점을 받을 수 있는 시험이 진정한 시험이라고 생각한다.
>
> ─1학년 ○○○ 학생

어렵다는 말 속 낯섦, 익숙함이 주는 편안함
─ 수업 구조화

학생들이 수업이나 평가가 어렵다는 말을 하면 교사는 그저 투정이겠거니 하며 대수롭지 않게 넘기거나 수업 내용이나 과제의 특성이라고만 생각하기도 한다. 그러던 중 학생들로부터 다른 학교 친구가 수업 시간에 다루지 않은 내용이 포함된 어려운 정기고사 때문에 힘들어 한다는 이야기를 들었다. 이 이야기를 들으며 교사가 응용이나 전이라는 핑계로 수업 맥락과 많이 벗어난 문제를 과제(특히 정기고사)에 내고 있는 것은 아닐까 하는 생각이 들었다. 학생들은 어렵지만 익숙한 과제보다, 쉽더라도 낯선 과제를 더 어려운 과제라고 말하고 있었다. 결국 학생들의 어렵다는 말은 힘들다는 표현이었고, 그 속에는 낯설다는 의미가 들어 있는 것이다.

이를 수업에 적용해 보면 학생들이 수업의 과정 혹은 구조를 낯설다고 느끼는 순간, 그것은 어렵다는 표현으로 드러날 수 있다. 수업의 구조를 잘 구성하고, 이를 학생들에게 안내해야 할 필요가 있는 것이다.

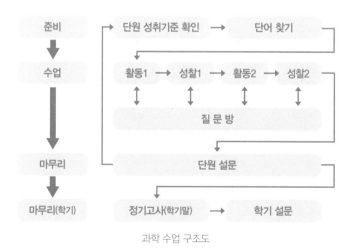

과학 수업 구조도

구조도에 나타나 있듯 한 단원의 수업은 단원 성취기준 확인부터 단원 설문까지의 과정으로 진행된다. '활동'이라고 표시된 부분만 단원에 맞는 활동이 채워지고 나머지는 내용만 다를 뿐 비슷한 과정으로 진행된다. 그렇게 여러 단원을 진행하고 나면 학기말에 정기고사와 학기 설문을 하며 학기가 마무리된다.

이러한 구조도를 학기초에 공지하고 알려 주었더니 학생들은 익숙함으로 인한 편안함을 느꼈다. 현재 활동을 하는 동안 다음에 무엇을 해야 할지 알고, 그것이 다른 활동과 어떤 관계인지를 알고 있기 때문이다. 교사도 같은 설명을 여러 번 하지 않아도 되기 때문에 편안하다.

성찰 활동의 현재

성찰 활동을 진행하며 몇 가지 문제점이 드러났다.

- 틀린 문제의 정답만 쓰는 학생들이 많음.
- 지식을 넘어선 태도에 대한 성찰이 부족함.
- 자신의 부족한 점만 적는 반성문이 되어 가고 있음.
- 자유 양식이어서 교사가 내용을 확인하기 불편함.

이를 예방하기 위해 성찰 활동지 작성 안내 사항을 좀 더 세세하게 정리하여 활동지 위쪽에 추가했다. 학기초 수업 오리엔테이션 시간에는 이전 학기 학생들이 작성한 예시 자료를 보여 주며 설명하는 시간도 갖고 있다. 다른 학생들이 작성한 자료를 바탕으로 진행했더니 더욱 쉽게 받아들였다.

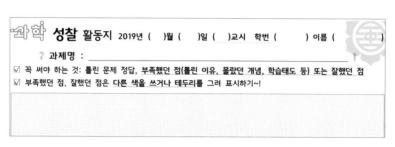

현재 성찰 활동지

학생들이 성찰 활동에서 어떠한 내용을 작성하고 있는지 유형화해 보았더니 근거 제시 관련, 연구 윤리 관련, 오픈북 관련 자기반성 등 총 3가지 정도가 나왔다.

근거 제시 관련 유형은 평소 교사가 학생들에게 근거 기반 사고나 논리적 글쓰기의 기본이 되는 근거를 제시하고 주장을 하는 연습을 많이 시키다 보니 나온 결과다. 실제 학생들이 이러한 부분에 익숙하지 않고, 따로 배운 경험이 부족하여 어려움을 겪고 있다.

연구 윤리 관련 유형은 학생들이 실험의 결과가 교과서에서 배운 이론과 차이가 있을 때 이를 고치려고 하는 태도를 바로잡기 위해 교사가 지도한 결과다. 이에 대해 학생들과 이야기를 나누어 보면 학생들은 수행평가 상황에서 이론과 다른 실험 결과를 그대로 적을 경우 감점당할 것이라는 두려움을 느껴서 실험 결과를 조작했다고 응답하는 경우가 많다. 이를 예방하고 태도를 고치기 위해서는 평소에 교사가 교과서의 이론만이 정답이 아니라, 교과서 이론과 다른 학생들의 실험 결과도 정답이라는 이야기를 해 주고, 채점에서도 감점하지 않는 모습을 보여 주는 것이 중요하다. 대신 교과서와 다른 실험 결과를 어떻게 해석할지에 대한 수업도 진행한다.

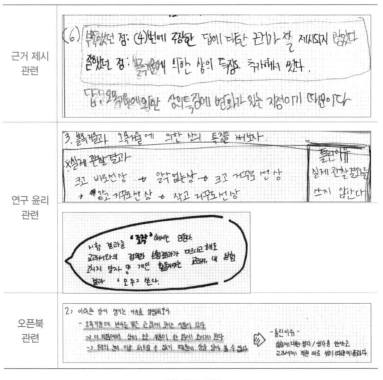

근거 제시 관련	
연구 윤리 관련	
오픈북 관련	

성찰 활동 유형

오픈북 관련 유형은 평소 과학 수업의 수행평가가 오픈북으로 이루어지기 때문에 발생한다. 학생들에게 지식의 암기보다 지식들을 활용하고 깊은 생각의 시간을 주기 위해 교과서를 볼 수 있게 해 주었으나 일부 학생들은 교과서의 문장을 그대로 옮기는 모습을 보인다. 그러다 보면 활동의 맥락이 반영되지 않아 감점되므로 성찰 활동에 등장하는 것이다. 교과서의 이론을 실험이나 활동 상황에 맞추어 적용하고 재구성하는 능력이 필요함을 안내하고 있다.

성찰 활동, 남아 있는 고민과 상상

여전히 지식 위주 성찰 활동

최근 주목받고 있는 역량 중심 교육은 탈지식을 추구하는 것이 아니다. 그동안의 교육이 너무 지식만 강조하여 왔으니 역량도 잘 강조하며 균형을 이루어야 한다는 뜻이다. 실제 2015 개정 과학과 교육과정과 성취기준을 들여다보아도 지식의 요소는 일반화된 지식, 내용 요소 등으로 남아 있다. 교육부, 과학기술정보통신부, 한국과학창의재단에서 발간한 『모든 한국인을 위한 과학적 소양(미래세대 과학교육표준)』(2019)이라는 연구 자료에서도 과학적 소양의 3가지 차원을 '역량', '지식', '참여와 실천'으로 제시하고 있다. 지식도 하나의 중요한 차원인 것이다.

그럼에도 불구하고 학생들이 성찰 활동에서 지식에 치우친 성찰을 하는 것에 대해 문제의식을 느끼며 고민하고 있다. 성찰 활동지 작성 안내나 다양한 활동을 통해 태도나 역량에 대한 성찰이 이루어질 수 있도록 노력해야 할 것이다.

성찰 활동 간의 연계성

각각의 성찰 활동이 충실하게 일어나더라도 성찰의 최종 목표인 성장으로 가기 위해서는 성찰 활동 간의 연계가 필요하다. 예를 들어, 학생이 한 학기 동안 개선이나 발전 없이 같은 성찰을 반복하고 있다면 이는 무의미하기 때문이다. 따라서 학기말 정도에는 학생 자신의 성찰 활동을 정리하며 자신의 강점과 약점에 대해 다시 한 번 돌아보는 학기말 성찰의 과정이 필요하다. 이는 특히 정기고사가 없는 자유학년제 대상 학년에서 정기고사를 대체할 만한 좋은 방안이다. 실제 자유학년제를 거쳐 진급하는 학생 중 일부는 다음 학년 학습과 연계되는 성취기준의 결손을 가지고 있는 경우가 있다. 이러한 학기말 또는 학년말 성찰 활동이 그러한 결손을 줄여 주는 역할을 할 것으로 기대한다.

교사의 성장을 이끄는 성찰의 조력자

사람은 완벽할 수 없으니 완벽이 아닌 최선을 추구해야 한다. 교사도 완벽할 수는 없으므로 현재의 최선을 가지고 진행한다. 그리고 이 최선을 만들기 위해 교과연구회나 직무연수 등 다양한 방법으로 다른 교사와 소통한다. 이때 교사의 성장을 위한 소통의 창구가 같은 과목 동료 교사들이라고 한정 짓고 생각하는 경우가 많다. 하지만 창덕여중에서의 경험에 비추어 볼 때 실제 교사의 성장 과정에서는 다른 과목 동료 교사나 학생들이 더 좋은 조력자일 수 있음을 잊지 않아야 한다. 그들과 나누는 일상적인 대화나 설문을 통해 소통하고 성찰하는 것이 교사를 성장시킨다.

디지털 세대와
독서하고 글쓰기

왜 그렇게 열심히 읽고 쓰게 하는가

누구나 그랬겠지만 이세돌과 알파고의 대결은 가히 충격적이었다. 대결 자체가 아니라 대결의 결과가 문제였다. 수십 년 동안 바둑만 두어 온 인간이, 이 세상 어떤 인간보다도 바둑을 잘 두는 인간이 바둑에 대해 프로그래밍된 로봇에게 패하다니. 많은 사람들이 충격에 빠졌다. 과학기술의 화려한 발전에 환희를 느낄 겨를도 없이 국어 교과에서는 심각한 고민에 빠지게 되었다.

국어과는 과연 무엇을 가르쳐야 하는가?

아무리 고민하고 또 고민해도 결론은 독서와 글쓰기였다. 국어과에서는 아이들과 함께 열심히 해 오던 수업 주제였는데, 알파고의 등장 이후 목적이 달라졌다. '학생들이 스스로의 삶을 누리게 하는 즐거운 독서와 글쓰기'에서 '미래사회에 대비하고 적용하는 독서와 글쓰기'로.

중요한 건 알지만 누구나 열심히 하지는 않는다?

누구나 인정하겠지만 미래 인재인 학생들에게 가장 필요한 것은 '사고하는 힘'이다. 단편적인 지식의 총량이 아니라 문제를 해결하기 위해 스스로 사고하는 힘이다. 또한 미래사회를 살아갈 사람이라면 인공지능과는 대비되는 인간만의 고유한 무엇이 필요하다고 말한다. 인간성이나 정서라고도 부를 수 있는 것들 말이다.

자신의 생각과 정서를 표현하는 능력 역시 중요하다. 저 먼 나라의 동굴 벽화에서도 드러나듯이 인간은 자기 표현욕이 강한 존재이다. 이제는 '표현'이 본능 차원에서만이 아니라 생존의 차원에서도 중요해졌다.

사고하는 힘을 키워 줄 수 있는 가장 중요한 수단이 바로 독서이다. 책을 읽으면 다양한 정보를 습득할 수 있고, 그 정보를 처리하는 능력도 함께 키울 수 있다. 텍스트를 수용하는 과정에서 저자의 논지에 대한 비판적 사고 능력도 향상될 수 있다. 또한 독서를 통해 인간은 자신의 감정을 파악하고, 다른 사람들의 수많은 삶의 방식 또한 이해하게 된다. 하지만 가장 기본적인 독서의 덕목은 책을 읽고 그것에 대해 나의 느낌과 경험을 주변 사람들과 나누는 '소통'에 있다. 그어떤 실용적인 가치도 이것을 능가할 수 없다.

　글쓰기도 그렇다. 자신의 생각을 다양한 글로 써 보는 것은 수렴적 사고와 확산적 사고를 동시에 자극한다. 자신이 알고 있는 것과 모르는 것을 객관적으로 바라보는 초인지적 사고도 가능케 한다. 체계적이며 동시에 창의적인 활동이 바로 글쓰기라는 것이다.

　또한 글쓰기는 인간에게는 누구에게나 존재하는 표현 욕구를 충족시켜 준다. 시대의 흐름에 따라 자신을 드러내는 방법(수단)은 조금씩 달라졌지만 말이다. 짧든 길든 한 편의 글을 마친 학생들은 '다 썼다'는 성취의 기쁨 속에 자신의 글을 누군가가 잘 읽어 주기를 소망한다. 이렇듯 글쓰기를 통해 학생들은 표현욕뿐 아니라 성취욕까지 충족할 수 있다. 글쓰기는 의사소통의 기능을 넘어 다각적인 사고의 성장을 가능케 하는 핵심적 활동이라 할 수 있다. 그래서 창덕여중 국어과는 독서와 글쓰기에 집중했다.

무엇을 어떻게 읽히고 쓰게 했는가

문학 작품 읽고 창작하기

국어과에서는 독서와 글쓰기 수업에 대한 학년별 연계를 구상해 보았다. 학생들이 매 학년마다 한 장르의 문학 작품을 창작하는 것이다. 그래서 창덕여중에서 3년을 보내면 학생들은 3편의 문학 작품 창작을 경험하게 된다. 학생들의 창작은 해당 장르 작품을 충분히 독서한 후에 진행된다. 독서 후 친구들과 책 대화를 나누며 장르적 특징을 이해하게 되면 당연히 창작에 도움이 된다.

중학교에 갓 입학한 1학년은 수필 작품을 읽고 자신의 경험을 되살려 수필을 창작한다. 수필 독서를 통해 진솔한 삶의 경험이 주는 잔잔한 감동과 울림을 경험한다. 그리고 마음속에 담아 왔던 자신의 기억 한 조각을 글로 엮는다.

2학년은 다양한 주제의 소설을 읽고 단편소설을 창작한다. 너무나 생생해서 현실처럼 느껴지는 소설을 읽으며 몰입했던 학생들은 상상의 나래를 펼친다. 그리고 매력적인 이야깃거리를 구상하여 자신만의 소설을 쓴다.

3학년은 인간의 정서를 함축적으로 다룬 시를 다독한 후, 자신의 감정과 경험을 시로 창작한다. 패러디시로 시작하여 창작시까지. 시는 짧지만 창작의 과정은 짧지만은 않다.

창작된 작품들은 한 권의 책으로 묶어 출간하여 학교 구성원과 함께 읽는다. 책을 받아 보는 사람은 누구나 기뻐하지만, 가장 기쁘게 책을 받아 드는 것은 당연히 창작에 임한 학생들이다. 학생들은 글을 쓰기 어려웠던 순간들을 떠올리며 그 과정이 책으로 완성되었다는 것에 놀라워하고, 스스로를 대견해 한다. 그리고 서로의 작품에 아낌없는 박수를 보낸다. '나를 표현하고 너를 이해하는 일'이 작품 쓰기를 통해 진행된 셈이다.

창덕여중 학생들은 3년 동안 수필집, 단편소설집, 시집 등 3권 이상의 책을 출간하게 된다. 이것이 그들에게 미치는 긍정적인 영향은 더 강조하지 않아도 충분할 것이다.

1학년 수필집
『느낌표 하나』

2학년 소설집
『소설 창덕』

3학년 시집
『내 안에 시 있다』

내가 쓴 소설이나 시가 책으로 나오는 것은 컴퓨터 파일로 저장되어 있는 것과는 비교도 안 될 만큼 큰 기쁨과 만족을 주었다. 창작

과정은 정말 힘들었지만, 글이라는 매체를 통해 생각과 감정을 표현하는 일은 정말 즐거웠다. 국어 시간에 경험한 소설 쓰기와 시 창작을 계기로 글 쓰는 습관을 기르게 되었다.

—○○○ 학생

산고에 비유할 만큼 창작의 과정은 쉽지 않다. 특히 교육과정 안에서 소설을 창작하기 위해서는 학생들이 편안하게 접근할 수 있도록 비계를 설정해 주는 것이 좋다. 단편소설 창작의 과정을 여러 단계로 나누어 각 단계를 순서대로 달성하면 소설 완성으로 연결되는 것이다. 그리고 각 단계마다 학생들은 친구들에게 조언(합평)을 들으며 자신의 이야기를 수정해 나갈 수 있도록 한다.

단편소설 창작에서의 비계 설정

비문학 작품 읽고 에세이 쓰기

문학 작품을 읽고 창작하는 것과 더불어 비문학 영역의 독서에도 공을 들이고 있다. 비문학 독서는 바로 지식 독서이고, 학습 독서이다. 문학 작품 독서가 주로 학생들의 정서적 측면을 건드린다면, 비문학 독서는 논리, 지적인 측면을 자극한다.

학생들과 함께 사회적 이슈를 다룬 칼럼, 신문 기사 등을 함께 (혹은 선택적으로) 읽는 과정은 매우 소중하다. 학생들에게는 배경지식을 넓힐 수 있는 기회이고, 교사에게는 사회적 문제에 대한 학생들의 생각을 파악할 수 있는 기회이기 때문이다. 학생들은 비문학 독서를 어려워하는 경향이 있다. 특히 시사적인 문제를 다루는 글을 낯설어한다. 그래서 칼럼이나 신문 기사를 다룰 때는 학생들의 관심과 흥미를 충족시켜 줄 수 있는 주제인지 신중히 살핀다.

2017년 12월, 아이돌 그룹의 한 멤버가 스스로 목숨을 끊었을 때, 연예 기획사를 통해서 시작된 한국형 아이돌 육성 시스템의 문제점에 대한 칼럼이 발표되었다. 학생들의 흥미를 충분히 자극할 만한 것이며, 학생들과 아이돌, 댓글, 인터넷 예절 등의 사회적인 문제에 대해 토론해 볼 수 있는 기회라 생각했다. 학생들은 수업에 열심히 참여했으나 그들의 분위기는 예상과 크게 달랐다. 학생들은 차분하다 못해 무척 슬퍼 보였다. 아이돌의 죽음은 학생들에게는 단순한 사회적 문제가 아니라 삶의 직접적인 슬픔이었던 것이다. 학생들은 침울한 마음으로 칼럼을 읽고 요약했으며, 조용하지만 진지하게 토론한 결과를 글로 정리했다.

호흡이 짧은 짤막한 텍스트에 그치지 않고, 한 학기 한 권 읽기와 연계하여 비문학 도서를 선택하여 읽기도 한다. 자신의 수준에 맞는 비문학 도서를 완독하면 그 자체로도 학생들은 큰 성취감을 느낀다. 더 나아가 책과 관련하여 자신의 생각을 에세이로 정리하면서 받는 심리적·지적 자극은 독서와 글쓰기에 대한 학생들의 태도를 바꾸어 놓을 만큼 강력하다.

2019년에는 2학년 학생들과 함께 『노빈손의 아마존 어드벤처』, 『화가 이중섭』, 『하루 15분 정리의 힘』, 『최고의 공부법 : 유대인 '하브루타'의 비밀』, 『낭송의 달인 호모 큐라스』, 『그릿』을 읽었다. 책의 내용을 간략히 설명을 하며 난이도를 알려 주었다. 학생들은 자신의 읽기 실력과 관심사에 따라 책을 선택하였고, 같은 책을 선정한 학생들끼리 모여 책 대화를 나누며 독서를 진행했다. 독서를 한 후에는 함께 책에 대한 질문을 만들고, 토론 주제를 생성한 후, 주제에 더 심도 있게 접근하기 위해 자료를 수집했다. 동영상, 신문 기사, 뉴스, 전문 블로거 등 웹자료를 찾는 학생도 있고, 학교 선생님이나 친구들 혹은 부모님과 인터뷰를 진행하는 학생도 있다. 이렇게 찾은 자료를 함께 공유하면서 주제에 대한 자신의 입장을 정하고 에세이를 쓰는 것이다.

에세이 쓰기 역시 학생들에게는 결코 쉬운 일이 아니다. 글쓰기에 대해서 심리적 부담을 갖고 있는 학생들이 상당히 많다. 특히 비문학 도서는 처음 읽어 보는 학생들도 있기에 비문학 독서를 통한 에세이 쓰기에서도 촘촘한 비계를 설정하여 글쓰기 수업을 디자인했다. 친구들과 함께 읽고 토론하며 글쓰기에 대한 준비를 든든히 한 후에 진행하면 글쓰기가 주는 부담감을 크게 느끼지 않고 글을 완성할 수 있다. 그리고 교사는 학생들의 잠재력이 잘 발휘된 완성도 있는 결과물을 받아 볼 수 있다.

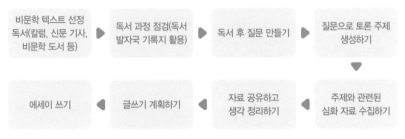

비문학 도서 읽고 에세이 쓰기 비계 설정

학교 행사와 연계하여 독서하기

보통 학교 행사는 교과와 별개로 진행되는 경우가 많다. 학교 행사와 독서가 연결되면 학생들이 독서와 더 친해지고, 독서력 향상에도 도움이 될 것이다.

창덕여중 학생들이 가장 기다리는 날 중 하나가 바로 '독서의 날'이다. 일 년에 한 번 전교생이 대형 서점에 가서 책을 한 권씩 골라 구입하는 날이다. 학교 예산으로 모든 비용을 충당하는데, 이렇게 학급 문고를 구성하여 일 년 동안 친구들과 함께 읽는다.

행사 전 국어 시간에는 어떤 책을 살 것인지 이야기하고, 책을 구입한 후에는 자신이 고른 책을 소개하는 시간을 갖는다. 그 책을 선택한 이유, 책을 읽고 나면 생길 것 같은 변화 등을 중심으로 학급 친구들 앞에서 소개하는 것이다. 그리고 매일 그 책을 갖고 다니면서 읽는다. 3~4주 정도 후에 다음 번호 친구에게 책을 돌린다. 일 년 동안 7번 정도 책을 돌리는데, 많이 읽는 학생은 7권을 다 읽고, 한두 권을 겨우 읽는 학생도 있다. 책을 사는 것보다 더 중요한 것은, 책을 읽는 것이다. 그런 의미에서 독서의 날은 책을 구입하는 날이라기보다는, 책을 읽기 시작하는 날로 정의하는 것이 맞겠다.

2019년에는 조금 더 특별한 행사를 진행했다. 국어과 교육과정과 연계한 '작가와의 북 토크콘서트'가 바로 그것이다. 작가를 초대하여 강연을 듣는 것은 여느 학교나 하고 있는 행사이다. 창덕여중에서는 학생들이 직접 만나고 싶은 작가를 선정한다는 데 특이점이 있다.

국어 시간을 활용하여 1, 2, 3학년 전체가 동일한 단편소설집 2권을 읽었다. 청소년의 성장을 다룬 단편집이어서 학생들의 호응도가 무척 높았다. 한 학기 1권 읽기로 진행하여 과정중심평가에 반영한 학년도 있고, 장편소설 독서를 위한 마중물 독서로 활용한 학년도 있다. 독서 후에 학생들은 14개의 단편작품 중에서 가장 마음에 드는 작품과 만나고 싶은 작가를 선정했다. 그리하여 학생들이 가장 흥미진진하게 읽은 「1705호」의 이금이 작가가 북 토크콘서트에 초대되었다. 만나고 싶었던 작가를 직접 만나게 된 학생들의 반응은 정말이지 뜨거웠다. 북 토크콘서트에 패널로 참여하기를 희망하는 학생들이 넘쳤고, 독서 캠프 신청자도 금방 마감되었다.

주제 도서는 이금이 작가의 『청춘기담』이었다. 적극적으로 자청한

6명의 학생 패널이 6개의 작품 중 한 편씩을 선택했다. 그리고 그 작품에 대한 자신의 감상을 발표하고, 가장 마음에 드는 부분을 낭송한 후에 그 작품과 관련한 질문을 작가에게 묻고 대화하였다. 북 토크콘서트 중간중간에 책의 주제와 관련된 단편 다큐멘터리를 상영하기도 하고, 영화의 한 장면을 함께 보기도 하였으며, 학생 예술가가 직접 시 낭송을 하거나 노래를 불러 분위기를 한층 고조시켰다.

작가 경력이 상당한 이금이 작가도 이런 작가와의 만남은 처음이라며 무척 행복해 했다. 행복한 것은 학생들도 마찬가지였다. 재미있게 읽은 책의 작가를 만나 대화하고, 음악과 영화 감상도 함께 하였으니 학생들의 마음에 어떤 감정이 남았을지는 충분히 짐작할 수 있다.

이런 문제는 어떻게 했나요?

다양한 장르의 독서를 글쓰기와 함께 진행했다고 하면 누구나 던지는 질문이 있다.

먼저, 진도 나갈 시간이 부족하지 않느냐는 것이다.

수업 시간이 늘 빡빡하게 진행되는 것은 사실이다. 하지만 적극적으로 교과 성취기준을 재구성하면 독서와 글쓰기의 시간을 확보할 수 있다. 2~3개의 성취기준을 통합하여 수업을 하면 개별 성취기준을 각기 수업하는 것보다 시간이 절약된다. 독서나 글쓰기를 다른 성취기준과 통합시키기도 한다. 융합수업을 통해 시간을 확보하는 경우도 있다. '설명문 쓰기'의 경우 무엇에 대해 설명할 것인지 소재를 마련하는 데 적어도 3~4차시 정도의 시간이 소요된다. 이때 역사과나 과학과의 수업에서 학습한 내용을 소재로 선택하여 설명문을 쓰도록 하면 학생들은 새로운 소재를 발굴하는 데 들어갈 시간을 절약할 수 있고, 배운 내용을 정리하는 시간도 가질 수 있다. 교사 입장에서는 글쓰기에 집중할 수 있는 시간적 여유를 확보할 수 있다.

학생 간 독서 수준의 차이도 극복해야 할 문제 중 하나이다.

앞서 말했듯이 학생들이 갖추고 있는 독서 이력도, 문해력도 천차만별이다. 이 문제는 학생들이 읽을 텍스트를 개별화·다양화하는 데서 그 해결책을 찾고 있다. 동일한 책을 모든 학생에게 읽게 하는 것이 아니라, 학생이 자신의 흥미나 독서 수준에 따라 선택하여 읽도록 하는 것이다. 문학의 경우 그림책, 아동 소설, 청소년 소설, 일반 소설 등 다양한 수준의 작품을 활용한다. 비문학의 경우도 신문 기사나 칼럼뿐 아니라 단행본 도서도 적극 활용하는데, 이때도 학생들의 흥미와 수준에 맞게 제시하려고 노력한다. 초등학교 4~6학년 학생들이 읽는 수준의 비문학 도서도 적극 활용하는 편이다. 협력적 독서의 과정도 학생 간 독서 수준의 차이를 극복하는 데 상당한 도움이 된다. 함께 읽고 서로 질문을 하고, 그것에 대해 의견을 나누는 과정에서 이해의 실마리를 찾는 학생들이 많다.

책을 좋아하지 않는 학생은 어떻게 지도하느냐도 빼놓을 수 없다.

사실 학생들의 문해력은 학교보다는 가정환경의 영향을 많이 받는다. 중학교 입학 전까지 유의미한 독서 경험이 거의 없는 학생들도 있다. 오랜 기간 독서를 학습의 대상으로 경험해 온 학생들은 독서를 지겹고 지루한 과제로 인식하기도 한다. 책을 많이 읽는 학생들도 로맨스 판타지 소설, 웹 소설, 웹툰, 무협 소설, 추리소설 등에 국한된 읽기 이력을 가진 경우가 많다.

재미를 위한 독서를 비난하고 싶지는 않다. 하지만 인간의 삶과 나에 대해 질문할 수 있는 독서를 경험한다면 학생들은 독서를 통해 성장하는 기쁨을 누리게 될 것이다. 그리고 이런 질문을 던지는 책 중에 재미있는 책도 차고 넘치기에 학생들이 말초적인 재미만을 위한 독서에 빠져드는 것은 경계하고 있다.

더불어 학생들이 자신의 흥미에 맞는 텍스트를 선정할 수 있도록 돕는다. 실제로 창덕여중에서는 연예인 자살 문제로 본 '한국형 아이돌 육성 시스템의 문제', '청소년도 커피를 마셔도 될까?', '샴쌍둥이 분리 수술 해야 하나?' 등의 기사문을 활용하여 학생들의 읽기에 대한 흥미를 이끌어 내고 있다.

독서의 과정마다 교사가 유의미한 피드백을 주는 것도 학생들에게 독서 흥미를 일깨워 주는 방법이다. 책을 읽는 과정에서 드는 생각과 의문점을 모둠 안에서 풀어내도록 하고, 교사와도 충분히 의사소통케 하는 것이다.

가장 미래적인 교육이란

독서의 중요성은 누구나 잘 알고 있다. 하버드 졸업생이 글을 잘 쓰는 것을 가장 필요한 능력으로 꼽았다는 이야기에도 모두가 고개를 끄덕인다. 중요하다면, 꼭 필요하다면 제대로 해야 한다. 지속적인 독서와 글쓰기를 통해 학생들이 내 옆자리 친구를 뛰어넘는 것이 아니라, 과거의 자신을 극복하는 경험을 하면 좋겠다. 그렇게 하루하루 조금씩 더 깊어지고 넓어지는 경험을 하는 것이다. 앞으로 살아갈 시간이 훨씬 더 긴 학생들이 자신의 미래를 독서와 글쓰기로 채워 나간다면, 사회에서 제 몫을 다하는 사람으로 성장하지 않을까?

"가장 개인적인 것이 가장 창조적인 것"이라고 영화감독 마틴 스콜세지(Martin Scorsese)는 말했다. 독서와 글쓰기에 대한 창덕여중의 경험을 마틴 스콜세지의 표현을 인용한다면 '가장 기본적인 것이 가장 미래적인 것'은 아닐까.

9

학습을 위한 학습,
짝토론

'짝토론의 이해와 실제'가 뭔가요?

창덕여중을 방문하는 사람들이 많이 하는 질문 중 하나가 "짝토론이 뭔가요?"이다. 창덕여중에는 「짝토론의 이해와 실제(이하 '짝토론')」라는 교과가 있다. 요즘은 짝토론이 수업 현장에서 자주 활용되는 수업 방법이지만, 2015년 창덕여중에서 사용될 때는 낯설고 익숙하지 않은 것이었다.

2015년 자율 활동으로 시작한 짝토론은 2016년 「짝토론의 이해와 실제」라는 선택 교과로 신설되어 격주 금요일 5, 6교시 블록수업으로 현재까지 운영되고 있다. 선택 교과로 신설되었으나 다른 교과와는 달리 고정된 텍스트가 있는 것이 아니고, 교육과정도 큰 틀만을 제시하고 있다. 이 수업을 진행하는 교사들 사이에서도 짝토론에 대한 정의와 이해의 폭이 달랐고, 그만큼 담당 교사에게는 힘들고 어려웠던 과제였다.

짝토론은 단순히 짝과 자신의 생각을 나누는 수업의 한 방법, 그 이상의 의미를 내포하고 있다. 짝토론은 생각하는 힘을 길러 주고, 질문을 통해서 지식을 모색해 갈 수 있는 '학습을 위한 학습'이라고 정의할 수 있다.

왜 '짝토론의 이해와 실제'일까

짝토론의 키워드는 '통합'과 '질문'이다. 단일 영역의 전문적인 지식만으로는 우리 주변의 문제를 해결하는 데 한계가 있음은 이제 누구나 알고 있다. 그래서 집단지성이니 협업이니 하는 말들이 주변에 넘쳐난다. 그러나 교과목별로 학습한 지식은 학습자의 머릿속에서 상당수 분절적으로 독립되어 있어 통합되기가 쉽지 않다. 그렇기에 개별적으로 존재하던 지식들이 연결되고 통합되는 과정을 경험하는 것은 배움의 과정에서 상당히 유의미하다. 이러한 경험은 일회성의 행사보다는 지속적인 투입을 통해 일상화되어야 자연스럽게 자신의 머릿속에서 지식과 경험을 연결할 수 있게 된다.

또한 질문을 만들고, 그 질문의 적절성을 판단하며 연결된 질문을 생성하는 활동, 상대의 질문에 대하여 생각하고 답변하는 과정은 학습을 위한 학습 과정이다. 그래서 교과목으로서의 짝토론이 필요한 것이다.

짝토론을 위한 교사들의 짝토론

2016년 2월, 처음 짝토론의 임무를 맡게 된 담당 교사들이 가장 먼저 한 일은 "짝토론은 무엇이고, 어떻게 운영해야 하는가?"라는 질문에 대한 답을 찾는 것이었다. 어떤 콘텐츠와 어떻게 만나느냐가 중요한 지점이었고, 그것을 어떻게 수업에 녹여 내느냐가 과제였다. 또한 'P' 또는 'F'로 평가가 이루어지다 보니 짝토론에 대한 학생들의 동기 유발 및 흥미 유지, 적극적인 참여가 관건이었다. 여러모로 담당 교사들은 어깨가 무거웠다.

2월 초부터 일 년 내내 온오프라인으로 아침이든 밤이든, 생각이 날 때마다, 얼굴 볼 때마다 수업에 대한 생각을 나누며 조금씩 만들고 다듬어 나갔다. 그 과정에서 아이러니하게도 가장 열심히 짝토론을 한 것은 담당 교사들이었다. 교무실의 탁자에는 언제고 함께 모여 앉아 이야기할 수 있게 짝토론 공책이 펼쳐져 있었다. 혼자일 때는 혼자 아이디어를 기록하고, 여럿일 때는 메모하며 이야기를 나눴던 공책에는 아직도 실현해 보지 못한 아이디어들이 가득하다. 참신한 아이디어든, 허무맹랑해 보이는 아이디어든, 뻔히 폐기될 것 같은 아이디어까지 모든 생각을 기록했고, 어느 누구도 각자의 아이디어를 평가하지 않았다. 우선 많은 생각을 끄집어내야 했고, 그 생각들을 이리저리 결합하거나 가감하면서 어떤 날은 밤 11시가 넘는 줄도 모르고 열띤 토의와 토론을 이어 갔다. 그만큼 척박했던 대지 위에 짝토론의 새날은 밝아 오고 있었다.

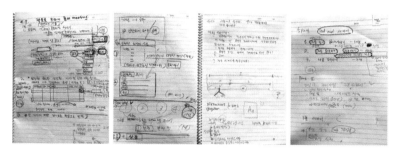

2016년 짝토론을 함께 했던 교사들의 토의·토론 내용이 기록된 공책

왜 우리는 그토록 열심히 짝토론을 했던 것일까? 정의 내리기도 어렵고, 의견 일치를 보기도 쉽지 않았지만, 그 이유는 짝토론이라는 교과가 갖는 의미와 연결된다. 짝토론은 동료와 함께 능동적으로 문제를 찾아가는 과정이며, 그 과정에서 서로의 이야기를 경청하고, 상대와 협업하며 문제를 통합적으로 살펴보게 한다. 메타인지와도 연결되고, 총체적으로 문제를 살펴볼 수 있는 식견이 생긴다. 이를 알기 때문에 담당 교사들은 그리도 열심히 짝토론을 했다. 여기서는 특정 학년에서 진행했던 짝토론 사례를 몇 가지 소개해 본다.

사례 1 : 지구를 지켜라!

2016학년도 2학년의 첫 번째 짝토론 수업 주제로 개발한 것은 '지구를 지켜라!'였다. 외계인이 지구를 침공했다는 가상의 문제 상황을 설정하고, 지구에 잠입한 외계인으로부터 지구를 구하는 것이 학생들의 임무였다. '지구특공대'라는 역할을 부여받은 학생들은 전 지구적인 차원에서 최악의 사건을 찾아 문제를 구체화하고 해결 방안을 찾는 일종의 문제 해결식 프로젝트 활동을 한 학기 동안 수행했다.

수업 과정은 개인 활동 또는 둘이 하는 짝토론, 4명의 모둠 활동, 학급 전체 활동 중 상황에 맞는 적절한 방식으로 운영했다. 공간 활용에 있어서는 교실 및 강당, 운동장, 과학실 등 학습 도구와 자료 등의 활용에 따라 학교 구석구석에서 진행했다.

그렇게 선정된 지구의 문제는 환경, 개인정보, 중독, 이기주의, 폭력 등의 5가지 영역이었다. 문제의 원인을 파악하여 그 심각성을 인지하고, 해결책을 찾기 위해 책, 신문 기사, 뉴스 등의 자료를 찾아 정리했다. 관련 사건들을 통해 문제 해결의 아이디어를 얻었고, 문제 해결을 위해 실질적으로 우리가 할 수 있는 것이 무엇인지를 찾아 공유했다. 또 함께 해결하기 위한 캠페인의 일환으로 포스터를 제작했다. 마지막 시간에는 그동안의 성과를 발표하고 함께 나누는 공유회를 진행했다.

이렇게 진행된 '지구를 지켜라!' 짝토론은 매주 금요일 5, 6교시 블록수업(90분)으로 운영되었으며, 3월에 시작하여 여름의 초입에서 마무리된 거대 프로젝트였다(5회, 10차시에 걸쳐 진행).

개별 학생들이 생각한 지구의 문제를 교사와 함께 유목화하는 수업 장면

학생들은 그동안 개별 교과에서 배웠던 낱낱의 지식들을 연결하고 융합하는 과정을 거치며 지식의 분절화를 극복할 수 있었고, 여러 영역의 지식을 활용하여 문제를 해결하는 과정에서 자연스럽게 융합이 이루어졌다. 정교한 커리큘럼과 각 단계에서 필요했던 외계인의 지구 침공 뉴스, 지구특공대 지원서, 외계인 스티커, 단계별 활동지와 PPT, 동영상 등 섬세한 준비와 노력이 밑바탕이 되었다. 또한 실제 수업 상황에서 돌발적으로 일어날 수 있는 문제까지 사전에 예측하여 대비했다.[9]

---

9 국어, 영어, 수학, 과학을 담당하던 담임교사들이 맡았기 때문에 그만큼 다양한 각도에서 바라볼 수 있었고, 또 학생들에 대한 이해가 높아서 수업 상황에 대한 예측과 대처가 용이했다.

결과적으로 학생들은 즐겁고 재미있었으며 교사들도 뿌듯했으나, 이러한 일련의 과정은 효율적이거나 경제적인 수업의 측면과는 거리가 있었다. 게다가 수업 운영의 형태, 주제, 학생 수 등의 측면에서 지속가능할지에 대한 고민이 상당했다.

지속가능한 짝토론

그렇다면 학생이 바뀌어도, 학생 수의 변화가 있어도, 교사가 바뀌어도 지속가능한 짝토론은 무엇일까? 수업이란 학생과 교사라는 변인에 의해 같은 수업이라도 1천 가지의 다양한 모습을 보여 줄 수 있다. 그만큼 인적 변인의 영향이 크다. 흔히 말하는 학생과 학생, 학생과 교사, 교사와 교사의 조합에 따라, 또 개개인의 고유한 특성에 따라, 그리고 그날의 분위기에 따라 예측 불가능하고 통제하기 힘든 부분이 있다. 이러한 변수 속에서도 적용 가능한 짝토론은 무엇일까?

그 해답은 '질문'에서 찾을 수 있다. 문제에 대해서 끊임없이 질문하고, 짝에게 질문하며 함께 토론하는 것이 짝토론의 핵심이라고 할 수 있다. 그 질문의 수준은 다양하다. 질문에 대하여 자신의 생각을 정리하고 표현하는 것이 부담스럽지 않고 일상이 될 수 있으려면 어떻게 해야 할지에 대한 고민이 컸다. 이러한 고민 속에서 구체화된 것이 '최고의 미덕을 찾아라!'였다.

사례 2 : 최고의 미덕을 찾아라!

사실 '미덕'이란 어렵고 딱딱한 소재일 수 있다. 심지어 재미없어 보이기까지 한다. 학생들은 자신이 생각하는 최고의 미덕을 찾아보는 과정에서 우선 스스로에게 질문하고 답을 찾았다. 그것을 짝에게 소개하고, 왜 그렇게 정했는지 서로에게 질문하고 답한 뒤, 최종적으로 모둠에서 토론을 통해 최고의 미덕 3가지를 선정했다. 모둠의 미덕을 정리하여 학급 전체를 대상으로 발표하고, 질의응답으로 활동을 마무리했다. 총 3회(6차시) 동안 운영되었고, 짝토론의 취지에도 부합하며, 지속가능성에서도 적절한 프로그램이었다.

'미덕'이라는 소재가 어렵고 딱딱할 것이라는 예상과는 달리, 학생들은 자신의 삶에서 중요하다고 생각하는 미덕을 진지하게 고르고,

'최고의 미덕을 찾아라!' 활동 장면

친구와 생각을 나누며 모둠의 3대 미덕을 선정했다. '최고의 미덕을 찾아라!'는 현재까지 수정·보완되면서 지속되고 있다.

이렇게 처음 가는 길에 대한 두려움 속에서 좌충우돌하며 짝토론을 만들어 갔다. 2017년, 그렇게 다듬어진 바탕 위에서 교사들은 더 열심히 짝토론을 했다. 짝토론 수업 준비 및 진행을 위해 교사들이 짝토론을 하는 일상적인 모습은 창덕여중에서만 볼 수 있는 진귀한 풍경일 것이다.

이미 운영되었던 프로그램 중 지속가능성과 시의성, 학생의 수준 등을 종합적으로 고려하여 2016년 커리큘럼[10]에서 부분적으로 아이디어를 가져와 새로운 프로그램을 구성했다. 그리고 '최고의 미덕을 찾아라!'처럼 다시 수정·보완하여 운영하기도 했다. 또한 국어·사회·수학·영어·원어민 교사 등 총 5명으로 구성된 짝토론1(1학년) 과목에서는 교사의 역량과 노력을 바탕으로 다양한 시도를 했다.

짝토론1 프로그램의 바탕에는 '좋은 질문 만들기', '내 생각을 나누고, 타인의 생각을 경청하는 것'이 놓여 있다. 이는 프로그램마다 소재와 방식은 달라지더라도 변하지 않는 중핵이라고 할 수 있다.

---

10 앞서 소개한 짝토론은 2016학년도 2학년에서 진행되었던 것으로, 2017학년도에는 전년도에 진행되었던 1, 2학년의 커리큘럼에서 짝토론의 본질과 취지에 맞는 프로그램이나 수업의 아이디어를 모아 새로이 커리큘럼을 구성했다.

짝토론의 진화

2017년은 여러 프로그램이 운영되었는데, 교사 간의 협력을 통해 다양한 시도가 이루어졌다.

첫째, 영어로 하는 짝토론을 처음 시도했다.

우리말로 토론하는 것도 어려운데 영어로 하는 짝토론이 가능할지 염려 반 걱정 반으로 시작된 이 프로젝트는 학생들의 적극적인 참여로 매우 성공적인 시간이 되었다. 영어과 교사와 원어민 교사가 주강사로 진행하고, 3명의 교사가 영어를 잘하지는 못하지만 용감하게 보조 강사로 수업을 지원했다.

둘째, 교과와 연계한 융합수업을 짝토론과 함께 기획 · 운영했다.

국어 · 영어 · 사회 · 도덕 교과에서 지역사회를 주제로 하여 융합수업을 기획하였고, 짝토론을 활용하여 지역사회인 정동 일대를 답사했다. 단순히 다녀오는 것이 아니라, 구체적인 미션을 주고 그에 대해 질문하고 답을 찾도록 했다. 짝토론 과목으로만 존재하는 것이 아니라, 타 교과와의 연계가 일어나는 부분이다.

셋째, 학생의 삶에서 소재를 가져왔다.

학생의 실제 삶의 장면을 교육으로 들여왔다. 4월 말~5월 초가 되면 1학년 학생들은 중학교라는 공간과 시스템에 적응하면서 교우관계에 조금씩 이상 징후가 보이기 시작한다. 이 시기를 포착하여 우정과 갈등, 관계에 대한 성찰을 담은 프로그램인 '친구 사이 어쩌지?'를 운영했다.

사례 3 : 친구 사이 어쩌지?

이 프로젝트는 학생들의 삶과 밀착된 주제로, 관계의 문제나 갈등 상황에서 어떻게 해야 할 것인지에 대하여 생각을 나누는 것으로 시작한다. 관련 도서를 활용하여 교우관계에서의 어려움을 들춰 보고, 이 중 갈등 상황을 선정하여 영상으로 제작했다. 드라마 제작 과정에서 서로 역할을 나누고 협력하면서 동영상을 촬영하고 편집한다. 제작된 드라마를 보고 자신의 생각을 짝과 나누는 활동으로 구성했다 (6차시).

실제로 이 활동을 했던 4월 말~5월 초는 상당수의 학생들이 친구와 여러 가지 문제로 갈등을 겪거나 다투는 상황이 점점 생겨나는 시기였다. 학생들은 다른 친구의 이야기를 통해서 자신의 상황을 좀 더 객관적으로 판단할 수 있었고, 실제로 직면하는 현실의 관계에서 일어나는 갈등에 대하여 자기중심적인 모습을 되돌아보고, 상대의 입장을 고려하려고 노력했다. 오해나 갈등을 해소하기 위해 어떤 노력을 해야 할지에 대해서 생각해 보는 기회였다. 학생들의 삶과 밀착된 주제 활동이어서 그 어느 때보다 몰입도가 높았는데, 활동 과정에서 감정이 순화되고 친구의 조언을 들으며 마음을 다독이는 경험을 하기도 했다.

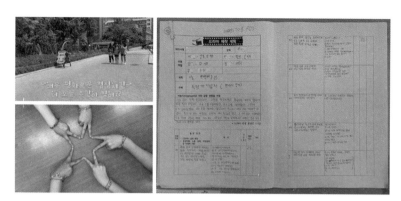

'친구 사이 어쩌지?' 관련 제작 동영상과 활동지

매년 짝토론 담당 교사는 바뀐다. 이는 짝토론 교과의 특성이 될 수 있다. 교과인데 특정 교과가 해야 하는 과목이 아니다 보니 해마다 새로운 구성원으로 학년별 짝토론 팀이 구성된다. 교사는 바뀌지만 그동안 누적된 수업 경험과 자료를 바탕으로 새로운 학생들의 특성과 학사일정을 고려하며 그해에 맞는 커리큘럼이 짜여진다.

어느 정도 고정된 커리큘럼과 프로그램은 있으나 상황에 맞게 적용되는 유연함은 짝토론의 큰 장점이라고 할 수 있다. 그러나 여전히 이러한 시도와 축적된 프로그램이 짝토론을 관통하는 기본 목표, 즉 생각하는 힘을 기르고, 좋은 질문을 하며 경청하고 배려하는 자세를 키우는 것을 실천하는 데 얼마나 적합한지 항상 묻고 있다. 더불어 청소년기라는 발달상의 특성을 고려할 때 배려와 경청, 협력의 가치를 이해하고 실천할 수 있도록 하려면 어떻게 해야 하는지도 함께 고민하였다.

그동안 일반 교과와 연계한 융합수업의 시도는 있었으나, 2018년에는 일반 교과와 교수·학습 내용 및 평가의 연계를 시도했다. '친구 사이 어쩌지?'는 국어의 갈등의 양상 및 매체 자료를 활용하여 표현하는 성취기준과 연계할 수 있었다. 삶의 장면에서 갈등을 포착하고 매체를 활용하여 표현하는 과정은 그대로 과정중심평가로서의 의미를 지닌다. 도덕과의 가치, 질문, 갈등 해결과도 맥을 같이했다. 세계시민교육이 진행되는 시기에는 국어과에서도 '정의롭고 폭력이 없는 세상'을 주제로 세계시민교육이 진행되어 서로 상승작용을 할 수 있었다.

세계시민교육   국어 시간, SDGs 16(지속가능개발목표)

되돌아보면 짝토론의 프로그램은 진화해 왔다. '짝토론이란', '최고의 미덕을 찾아라!', '친구 사이 어쩌지?' 등의 프로그램은 학생들의 인지·정의·심동적 상태, 프로그램이 운영되는 시기, 학사일정, 운영하는 교사 등 다양한 요소를 고려하며 운영해 왔다.

진화하는 짝토론 프로그램 및 변화 양상

    2019년은 그동안의 노력과 성과를 바탕으로 1, 3학년에서 운영되었는데, 짝토론의 안정기라고 할 수 있다. 4명의 교사가 일 년을 진행하던 방식에서 벗어나 학기별로 4~5명의 교사가 팀을 이뤄 각 학년별 주제에 맞게 짝토론을 진행한다. 각 학년별 주제는 사회적인 이슈를 반영하여 수요 회의(전체 교사 회의)에서 결정되었다.

1학년		3학년	
1학기	2학기	1학기	2학기
학생의 삶과 밀접한 질문 만들기	인권과 경계 존중	환경	민주시민

각 학년별 짝토론 주제

하나의 주제를 다양한 관점에서 깊게 고찰하고 토론한다는 점에서 '학기 주제별 짝토론'에 대해 학생들의 만족도가 높다. 교사들 역시 주제부터 고민해야 했던 것보다는 수업 준비가 수월하다고 말한다. 하지만 여전히 처음 짝토론을 맡는 교사들은 상당한 어려움을 호소한다. 실제로 짝토론을 진행하고 나면 짝토론의 필요성과 의미에 대해 더 깊게 공감하지만 말이다. 해마다 안정화되고 있으나 짝토론은 여전히 도전적 과제라 할 수 있다.

짝토론 교과를 개설하고 운영해 오면서 이것이 우리의 처음 취지와 맞을지, 짝토론이라는 교과에 부합하는지에 대해 끊임없이 질문해 왔다. 짝토론을 경험한 학생들에게 하나의 주제에 대해 깊게 생각하는 힘이 길러졌기를 바란다. 다양한 영역이 융합되면서 입체적으로 삶의 장면을 성찰하고, 총체적으로 문제를 해결할 수 있는 힘이 생겼기도 바란다. 즉 나무와 숲을 모두 아우르며 볼 수 있는 안목과 깊이가 자라났기를 희망한다.

교육은 실험이 어렵다. 한 사람의 일생이 담겨 있기 때문이다. 그러나 더 나아지기 위해서 새로운 시도, 유의미한 시도는 계속되어야 한다. 이러한 시도를 실험이라고도 명명할 수 있겠으나 조심스럽게, 그러나 책임감 있게, 때로는 과감하게 시도해야 한다. 단, 전제 조건은 깊이 있게 생각하고, 다양한 경우의 수를 따져 보며 탄탄하게 준비하는 것이다. 그래서 짝토론은 참 어렵고 힘든 길이었다. 동료와 함께 더 많이 생각하고, 더 많이 연구하고, 더 많은 시간 토론을 통해서 수업을 고민했다. 그동안의 궤적이 진정한 '짝토론의 이해와 실제'에 얼마나 근접했는지, 행여나 멀어진 것은 아니었는지 염려도 된다. 그러나 동료와 수업에 대한 진지한 대화를 나누고 함께 성장할 수 있었다.

  학생들은 보다 능동적으로 질문하고 적극적으로 참여하는 변화를 함께할 수 있었다. 개별 교과로 분리되어 진행되는 수업들이 짝토론 안에서 융합되어 가는 경험을 했다. 무엇보다 생각하는 힘이 성장하는 것을 체감할 수 있었다. 물론 시행착오 속에서 넘어지고 무릎이 까지기도 했다. 그러나 '언젠가 숲에서 두 갈래 길을 만났을 때 사람들이 잘 가지 않는 길을 갔었노라고',[11] 그래서 보석을 만났노라고 말할 수 있기를 바라며, 그 길에서 더 많은 동료들을 만나기를 바란다.

---

11 프로스트(Robert Frost)의 시 「가지 않은 길」 중에서

10

미래교육 속
생태전환교육

생태전환교육이란 기후위기 시대를 맞아 인간 중심적 사고에서 벗어나 인간과 자연의 공존과 지속가능성을 위해 생각과 행동의 총체적인 변화를 추구하는 교육이라고 정의된다. 자연을 아끼고 소중하게 관리하는 일의 중요함에 대한 인식과 다양한 활동, 내용 등을 학생들에게 미리 알려 주는 일은 미래학교에서 꼭 필요한 일이다. 미래학교는 테크놀로지만을 생각하며 만들어 가는 학교가 아니기 때문이다.

창덕여중의 자유학기제는 3월과 6~7월의 양상이 다르다. 3월에는 중학교 적응 활동이 주를 이루기 때문에 교과보다 생활에 초점이 맞춰지는 반면, 6~7월에는 주제 선택 활동이 진행된다. 학생들의 삶을 중심으로 하면서 교과와도 연계된 융합적인 활동은 무엇일지 교사들의 고민은 매번 깊어진다. 그 고민의 과정에서 생태전환교육이 기획되었다.

생태전환교육은 자유학기제를 넘어 일상의 수업에도 이어져서 학생들에게 생태 환경의 의미를 알려 주고, 지속가능한 시스템에 대한 고민으로까지 확장되었다. 자료를 찾고, 전문가의 자문을 반영하고, 시스템을 만들어 나가고, 학생들의 수업에 반영하는 활동들이 기반이 되어 서울특별시에서 지정하는 '2019 초록미래학교' 수상의 영광도 안게 되었다.

아껴서 활용하면 더욱 좋은 에너지

창덕여중은 건물의 노후화로 인한 단열과 결로 현상을 해결하는 것이 시급한 과제였고, 많은 디지털 기기 사용으로 인한 전기에너지 비용 충당도 해결해야 했다. 이러한 문제를 해결하고자 본관 교실 15개에 베란다형 태양광 패널을 설치했다. 이때 시뮬레이션을 통해 햇빛을 최대한 받아들일 수 있는 입사각을 결정했다. 1일 발전량을 실시간으로 모니터링할 수 있는 장비도 구축하여, 실시간 데이터를 통계적으로 활용하는 저탄소 녹색성장 및 에너지교육의 기회를 제공하고자 했다. 그래서 과학 시간에 「에너지」 단원을 다룰 때 학생들과 함께 실시간 데이터를 활용하여 실제 전기 사용량을 그래프를 그려 변화를 관찰하고 원인을 분석했다.

창덕여중의 전기 사용량은 2014년부터 해가 갈수록 늘어났는데, 이는 디지털 기자재 사용량 등 교내 전기 수요가 늘어났기 때문이다. 2016년 11월까지는 비슷한 경향이 지속되다가 2016년 12월 상승 경향이 한풀 꺾였다. 실제 전기 사용량이 줄어서 나타난 결과라기보다 태양광 패널을 통해 자체 생산된 전력이 실제 사용량에서 차감되었기 때문이라고 학생들은 분석했다.

한편 태양광 패널 발전량이 층별로 차이가 난다는 점을 발견한 학생 몇 명이 팀을 이루어 수업 후에도 연구를 확장해 갔다. 발전량에 영향을 미칠 수 있는 변인을 조사하고, 가설을 설정하고, 관련 탐구를 진행했다. 과학 및 수학 교사들은 그 과정에서 많은 자문을 해 주었다. 이 연구를 통해 학생들은 구름의 양과 태양광 패널에 붙은 먼지

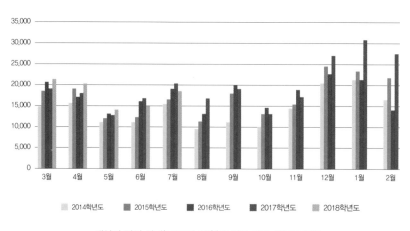

태양광 발전 설치(2016년 12월)에 따른 전기 사용량 추이

의 양이 발전량에 영향을 미친다는 점을 알아냈다. 그 결과 학교에서는 태양광 패널을 주기적으로 청소하기로 하였으며, 청소 전후 발전량 변화도 비교할 수 있었다.

학생들은 연구 과정과 결과를 정리하여 2017년 여름 아시아태평양과학교육학회(NICE)에서 「태양광 패널의 효과에 관련된 변인 조사」라는 포스터 발표도 진행했다.

3월에 진행되는 자유학기제 프로그램 중 학교를 소개하는 시간이 있다. 하루는 한 방송사의 뉴스를 통해 소개된 창덕여중 에코쿨루프 영상을 시청하고 이에 대한 추가 설명을 덧붙인다.

2016년 학교 옥상에 설치한 에코쿨루프는 국내에서 새롭게 시도되고 있는 방수 및 단열 시스템으로, 과도한 태양열이 실내로 유입되는 것을 방지하는 효과가 있다. 보통 학교의 건물 최상층은 여름에는 매우 덥고, 겨울에는 매우 추운데, 창덕여중은 에코쿨루프 시스템 설치 후 큰 차이를 보였다. 2016년 부분 공사 후에는 14.6℃, 2017년 부분 공사 후에는 22.5℃가 낮아졌다.

에코쿨루프 시스템 영상 시청 후 학생들은 적외선 열감지카메라를 활용하여 학교 여러 곳의 온도를 측정하고, 이렇게 차이가 나는 이유는 무엇인지에 대한 토론 학습을 통해 에너지 절약에 대한 아이디어를 제공했다.

계절에 따른 측정값을 확보하게 되면 정보, 시간 등의 빅데이터 활

에코쿨루프 시스템 설치

용 교육을 통하여 에코쿨루프 효과 및 날씨 등 기타 변인과의 관계도 조사할 수 있다. 그러면 학생들과 수업 시간에 더 깊이 있게 다룰 수 있다. 이 자료 역시 과학 교과의 「열과 우리 생활」 부분에서 에너지 교육의 기초 자료로 활용하며 학생들과 함께 효과를 지속적으로 조사할 예정이다.

미래 농업과의 연결점, 생태 텃밭 가꾸기 수업

과학 교과에 「광합성」 단원이 있다. 이전에는 광합성이 일어나는 과학적인 과정과 광합성량에 영향을 주는 변인들, 광합성량과 관련된 그래프 해석 등 여러 개념을 이해시키느라 많은 시간을 보냈지만 학생들의 이해도와 관심도가 제자리인 것 같은 느낌을 갖고 있었다.

그러던 중 창덕여중의 수선동산을 보면서 광합성이라는 과학 개념에 대한 이해보다 더 중요한 것이 있음을 깨달았다. 광합성량에 영향을 주는 변인들을 직접 알게 하려면 식물을 직접 재배해 보는 것이 살아 있는 공부가 아닐까 하는 생각이 든 것이다. 식물에게도 생명 유지에 대한 강한 힘이 있음을 직접 느껴 보는 것, 그리고 식물을 키우는 일이 얼마나 어렵고 중요한 일인지를 체험하는 것이 실생활을 기반으로 한 광합성 수업이라고 생각했다. 생각은 곧 실천으로 이어졌다.

만들어진 텃밭에 무엇을 심을지 결정하는 방법은 해마다 바뀌었다. 1학년 학급별로 텃밭 운영에 필요한 물품을 제공하고, 수업 중에 기르고 싶은 작물에 대한 기초 조사 수업을 실시했다. 텃밭 만들기 활동 전에는 레고를 이용하여 시뮬레이션 활동도 진행했다.

1학기에는 방울토마토, 가지, 호박, 고추, 상추, 깻잎 등을 키워 학급 캠프를 위한 요리 재료로 활용했다. 수업 시간 중에 심고, 점심시간을 이용해서 물을 주는 작은 노력으로도 쑥쑥 잘 자랐고, 큰 어려움이 없이 키울 수 있었다. 학기말에는 샐러드를 해 먹었고, 식당에 몇 번 쌈을 제공할 정도였다.

첫 해 미니 텃밭에서 좌절감을 맛보았으면 더 이상의 도전은 없었을 텐데, 2학기에는 자신감이 생겨 더 큰 도전을 하게 되었다. 가정 교과와 융합하여 김장하기 체험 활동을 진행한 것이다. 김장에 필요한 과학적 내용도 학습하고, 학교 텃밭에서 키운 무, 배추 등으로 김치를 담가 보는 것이라 학생들의 관심과 만족도가 높았다. 이렇게 담근 김치는 급식 시간에 친구와 선생님들에게 일부 제공하고, 일부는 2016년에는 중구 노인복지관에, 2017년에는 정동 프란체스코 수도

김장하기 체험 활동

원에 기증하고, 2018년에는 학교 급식에 활용했다.

2019년에는 교육청의 지원금을 받아 종자 구입, 필요 물품을 구입했다. 또 중구청에서 텃밭 상자를 지원받아 교직원이 쌈 채소를 재배하여 급식으로 제공하기도 했다. 특수학급도 별도의 텃밭을 만들어 가꾸면서 생태와 관련된 체험을 하였다.

2018~2019년에는 전문 강사의 도움 없이 교사와 학생들의 힘으로만 텃밭을 구성하여 가꾸고, 특수 분야 직무연수를 통해 타 학교 교사들에게도 생태 텃밭의 필요성과 효과에 대한 연수를 진행했다.

텃밭을 처음 시작할 때는 혹 실패하더라도 농업이나 식물 생장의 어려움을 학생들이 알게 되는 것만으로도 소정의 목표를 달성한 것이라 생각했는데, 자꾸 욕심이 생겼다. 그래서 점점 작물의 범위를 넓혀서 오이, 참외, 가지 등까지 생물 다양성 수업과도 연계하여 진행했다.

빗물저금통과 자동 관수 시설

텃밭을 가꾸는 데 가장 어려웠던 점은 물주기였다. 운동장 수돗가에서 텃밭까지의 거리가 꽤 멀었다. 수선동산 윗부분에 위치한 텃밭에 물을 주려면 한참 떨어진 창고로 가서 수도꼭지를 열고 잠가야 하는 어려움이 있었다. 수도세도 절감할 필요가 있었다. 그래서 빗물저금통에 관심을 갖게 되었다.

빗물저금통은 지붕 등에 내린 빗물을 작은 저장 탱크에 모아 재이용하는 장치이다. 모은 빗물은 텃밭에 물을 주거나 청소할 때 활용할 수 있어서 수돗물 절감 효과가 있고, 홍수 예방에도 도움이 된다. 빗물저금통에 대한 이론 수업은 과학 교과의 「수권과 해수의 순환」 부분에서 진행했다. 과학 시간에 텃밭에 물을 편하게 주기 위한 빗물저금통을 스케치업 프로그램으로 디자인하였고, 3D 프린터로 모형을 제작해 보았다. 학생들의 다양한 의견을 반영하여 실제 빗물저금통의 위치를 결정하고 디자인과 재질을 선택했다. 그리고 2018년에 중구청의 지원을 받아 빗물저금통이 설치되었다. 학생들은 빗물의 깨끗한 정도에 우선 놀랐다. 이후 유지관리에 힘쓰며 텃밭 물주기의 어려움이 줄어들어 크게 만족하였다.

2019년 5월, 연휴를 보내고 오니 오이와 참외가 반쯤은 고사 직전에 놓여 있었다. 자연스럽게 자동관수시설을 찾아보기 시작했다. 학교 담벼락 쪽으로 서울시 차원의 공사가 진행되던 시기라 전면적인 시설을 갖출 수는 없었다. 대신 기술 선생님의 도움을 받아 깻잎, 상추 등의 텃밭 상자에 자동관수시설을 시범적으로 설치하여 운영하기 시작했다. 이와 같은 시도는 시작에 불과하고, 생태 텃밭 수업이 지속 가능해지려면 자동관수시설 완비가 필수이기 때문에 지속적인 자동관수시설에 대한 투자와 검토가 필요하다.

생태전환교육 이어 가기

주변의 식물 알기

생태 텃밭을 운영하다 보니 학교에 있는 식물들에 대해서 더 알고 싶다는 학생들이 나타났다. 희망 학생과 교직원을 대상으로 강사를 초청하여 방과 후에 식물 알아보기 활동을 진행했다. 학교 곳곳에 있는 식물 고유의 특징 및 분류 방법, 재배 방법 등을 익히고, 나무에 이름표 달아 주기 활동을 진행했다. 수경 화분 만들기와 작은 국화 화분 키우기 등으로 후속 활동을 마무리했다.

이 시간을 통해 학교에 서양등골나물, 미국쑥부쟁이, 가시박 등의 생태계 교란종이 서식하는 것을 알게 되었다. 이 식물들은 뿌리가 단단하고 얽혀 있어서 제거에 많은 어려움이 있었는데, 과학 시간을 활용하여 서양등골나물 제거 시간을 갖기도 했다. 또 중구청 공원녹지

과의 도움을 받아 식물생태교육도 진행하고, '네이처링'이라는 애플리케이션을 활용한 디지털 식물생태지도를 만들기도 했다.

수경재배 식물과 IoT 화분

4층 과학실 앞에는 수경재배 식물과 IoT 화분이 있다. 수경재배 식물은 식물 생장용 LED 센서와 물로 자라나는 미니 식물이고, IoT 화분은 등록된 스마트폰으로 물주기 등의 제어가 가능하다. 1학년 과학 첫 시간에 자신이 키우고 싶은 식물의 종자를 고르고, 인공 토양에 심은 후 수업 시간을 활용하여 물을 주고 관찰하는 활동을 종종 하였다. 2주일쯤 지나면 식물들이 싹을 틔우고 올라오면서 자라난다. 생태교육의 시작점이다. 다양한 식물을 비교할 수 있고, 미래시대의 농업을 예측할 수도 있다. 이후 자유학기제 프로그램으로 발전하여 다양한 농업 관련 체험을 운영하는 바탕이 되었다.

음식물 쓰레기를 천연 퇴비로

가정실습실을 겸한 먹방에는 음식물 쓰레기를 발효시켜 천연 퇴비로 만들 수 있는 기구가 설치되어 있다. 급식 중 수분이 적은 과일 껍질 등을 하루 정도 넣어 두면 천연 퇴비가 된다. 이것을 물에 타서 묽게 만든 후 텃밭에 조금씩 부어 주면 퇴비 효과가 나타난다. 실제로 천연 퇴비를 사용한 학급과 그렇지 않은 학급의 텃밭 작물은 크기와 단단한 정도에서 차이가 났다. 이는 음식물 쓰레기 처리 방법 및 잔반 없애기 등의 식생활 교육과 텃밭을 활용한 생태교육 자료로 의미가 있었다.

또한 EM액 만들기 활동을 진행하고, 이를 텃밭 관리 및 환경 관리에 활용하기도 했다. 집에서 유기농액을 가지고 오거나 커피 등을 활용하여 학급별 텃밭 관리에 애쓰는 학생도 있으며, 휴업일 중에도 물을 주러 텃밭을 방문하는 학생도 있었다. 유기농으로 키운 식물은 벌레가 먹고, 크기도 작고, 생김새가 멋있지는 않다. 하지만 향기와 신선도에서는 월등하다. 또한 학생들이 직접 키운 것이라서 이에 대한 애정도 남다르고, 이러한 경험을 통해 학생들의 생태에 대한 생각이 크게 바뀌고 있다.

야외 연못과 옥상 정원

학교 건물 사이 중정의 연못은 겨울이면 수온이 낮아져서 물고기가 살 수 없는 환경이 된다. 겨울 동안 물고기는 실내로 옮겨 두고, 물은 빼서 얼지 않게 하는 등의 수고가 필요했다. 또 배수구가 없어 물이 고여 있는 관계로 시간이 지나면 흙이 튀어 들어와서 물이 탁해지고 벌레가 번식하는 환경이 되었다. 작은 부레옥잠을 두어 물의 자연 정화 과정을 기대하고는 있으나 역부족이었다.

겨울에도 얼지 않고 물고기가 살 수 있으며, 자연적으로 정화되는 생태 연못으로 바꿀 수 있는 아이디어가 필요했다. 생태 연못에 대한 관심은 자유학기제 학교 투어 프로그램에서 다루었다. 지금도 다양한 꽃이 피고 새가 지저귀는 멋진 중정이지만, 생태 연못이 더해진다면 더욱 다양한 생태계를 가진 환경이 만들어질 것이다. 수중생물에 대한 생태교육도 시도해 볼 수 있을 것이다.

중구청의 지원으로 만들어진 옥상 정원은 제대로 관리되지 않아서 오히려 뜻하지 않게 야생화 정원이 되었다. 옥상이라는 점이 안전성에서는 부족하지만 식물에게는 최적의 햇빛을 받을 수 있는 곳이다. 옥상 정원을 활용한 생태교육도 매력적인 부분이다.

지금까지 소개한 창덕여중의 다양한 활동은 노작 활동의 의미, 미래시대의 농업 등으로 거창하게 연결하지 않아도 식물의 생명 활동을 느끼는 생태전환교육의 시작점이라 할 수 있다. 학생들이 교내 생태지도를 더 발전시켜서 신입생이나 외부 방문객에게 미래학교를 설명하는 또 하나의 자료로 활용되기를 바라 본다.

미래학교 생태전환교육의 미래

중학교의 자유학기제에서는 다양한 체험 활동이나 주제 선택 활동이 가능하기 때문에 생태전환교육에 집중하기에 적합한 시간을 확보할 수 있다. 창덕여중의 생태와 에너지 등에 대한 교육은 과학 시간에 한정하지 않고, 여러 교과에서 힘을 합쳐 융합 프로젝트로 실시하거나, 외부 전문가와 함께 진행했다. 미래교육에 있어 교과 간 벽을 허물고, 실제로 학생에게 필요한 교육이 무엇인지에 대한 거시적인 고민부터 시작하는 것에도 의미를 갖는다.

지구가 안전하고 지속가능해야 미래의 삶에 대한 계획이 가능해진다. 학교가 안전하고 지속가능한 시스템을 구축한다면, 학생들의 미래에도 중요하고 다양한 영향력을 미치게 될 것이다. 생태전환교육이라는 용어는 아직 낯설지만, 아름다운 지구의 보존과 창덕여중의 지속가능함에 대해서는 모두 공감하고 있을 테니 말이다.

적응, 기초, 융합 중심의 자유학년제

자유학기(년)제는 학생들이 꿈과 끼를 찾을 수 있도록 2016년부터 전국의 모든 중학교에서 시행되었고, 2020년부터는 자유학년제로 확대되었다. 자유학년제에서는 교과 수업이 토론, 실습 등 학생 참여형으로 진행된다. 또 진로 탐색을 위한 다양한 체험활동이 가능하도록 교육과정을 유연하게 운영하고 있다. 그렇다면 미래학교 모델을 연구하는 창덕여중에서는 자유학년제를 어떻게 바라보고 실행하였을까?

2015년부터 시작된 창덕여중의 미래학교 교육과정은 자유학년제 취지와 유사한 맥락에서 편성되었다. 창덕여중의 교과 수업에서는 블록타임 수업을 통해 활동 중심, 학생 참여 중심으로 수업의 폭을 넓혔고, 과정중심평가 확대로 학생 성장을 위한 평가와 기록을 하고 있다. 매 학기 실시되는 다양한 문화·예술·체육 활동, 학생 주도형 동아리 활동은 창덕여중 교육과정의 실제이다. 창덕여중의 교육과정은 한 학년에서 그치지 않고 6학기 전체가 자유학년제 취지에 맞게 운영되고 있다.

특히 미래학교의 자유학년제 프로그램은 3년간 중학교 생활을 하게 될 신입생의 기초역량을 함양시키고, 미래학교에 적응하기 위한 교육에 집중하고 있다. 즉, '적응'과 '기초역량'을 키워드로 한다. 이러한 특징을 담은 프로그램은 3월 초에 집중적으로 제공되며, 주요 내용으로 미래학교에 대한 이해, 학교 공간 체험, 테크놀로지 활용, 자기주도학습 및 자기관리 방법 등이 있다.

						(학기 중)	(학기말)
(3월 집중)							
기초와 적응 프로그램						학생 중심 수업과 과정중심평가 (성장 중심 피드백 제공)	학생 주도 융합 프로젝트
자기 주도 학습 이해와 실천	의사 소통과 협업	창덕 학생상과 자기 관리	학교 규정의 이해와 민주적 참여	미래 학교 공간 탐색과 적응	테크놀로지 이해와 활용		

2020 창덕여중 자유학년제 구조 중 일부

6~7월에는 교과 및 진로와 연계한 선택 프로그램을 운영한다. 특히 한 학기 동안 학습한 지식과 경험들이 분절적으로 흩어지지 않고 통합될 수 있도록 자유 주제 융합 프로젝트 과정이 운영된다. 자유 주제 융합 프로젝트는 모둠에서 주제를 자유롭게 선정하고 탐구하여 발표하는 과정으로 학생들이 주도하며, 교사는 퍼실리테이터로서의 역할을 한다.

2020년 자유학년제로 확대되면서 창덕여중의 1학년 2학기는 학생 중심 융합교육을 강화하여 학생들의 주제 선택권을 보다 확대했다. '선택'의 가치를 교사가 제공하는 프로그램 선택에서 학생이 스스로 해결할 문제나 주제를 발견하는 것으로 그 스펙트럼을 확장하고 있다. 학생들은 학급과 관계없이 주제를 중심으로 모둠을 편성하고, 자신의 프로젝트를 진행하게 된다.

현재 창덕여중 학생들은 기초와 적응 프로그램을 통해 미래학교 구성원으로 정착하고, 능동적인 학습 주체로 성장하고 있다. 교사들 또한 도전하고 성장하는 시간이 되고 있다.

졸업생과 학부모가 말하는
창덕여중 이야기

창덕여중의 다양한 시도는 교육의 본질에 다가가기 위한 노력이다. 어쩌면 지극히 당연한 시도이며, 학교의 본래 역할일 것이다. 그럼에도 불구하고 한국의 공교육 현실에서 창덕여중의 노력은 특별한 것으로 비춰지는 경우가 많았다. 그래서 수많은 학교와 교육자들이 미래학교적 시사점을 얻기 위해 창덕여중을 방문하였고, 수많은 매체와 연구 기관에서도 창덕여중을 주목해 왔다.

그러나 특별한 혁신이 곧 완벽한 성공을 의미하지는 않는다. 기존의 교육적 관행에서 창덕여중을 바라본다면 학교의 다양한 시도가 학생들과 학부모에게 낯설고 불안하게 느껴질 수도 있다. 그래서 「교육과정」편을 마무리하면서 창덕여중에서 3년간 생활했던 졸업생과 그들의 학부모와 대담을 나눠 봤다.

유인숙 : 창덕여중 교장
윤수란 : 창덕여중 교사(2018~)
안영석 : 창덕여중 교사(2016~)
박의현 : 창덕여중 교사(2016~)
김유정 : 전 창덕여중 교사(2015~2019)
김예린 학생(2015~2017)
정나윤 학생(2016~2018)
이은솔 학생(2016~2018)
유수정 학부모(2016~2018)
서혜주 학부모(2016~2018)

윤수란 : 여러분 반갑습니다. 창덕여중을 졸업한 학생들과 학부모
님을 다시 만나게 되어 더욱 반갑습니다. 오늘은 여러분과 창덕여
중에서의 경험이 갖는 의미를 살펴보려고 합니다. 여러분의 생각과
실제 경험을 솔직하게 말씀해 주시면 됩니다.
그럼 첫 번째 질문으로, 졸업생 여러분은 창덕여중에서의 경험이
다른 학교와 다른 점은 무엇이었나요?

김예린 학생 : 저는 다른 학교 친구들보다 중학교 생활을 재미있게
보낸 점이라고 생각해요. 솔직히 창덕여중에서의 평가 활동은 힘들
기도 했지만, 친구들과 함께하며 즐거운 추억도 많았어요. 그런데
다른 중학교 출신 친구들은 고입 준비 과정에서 스트레스를 많이

받은 것 같았어요. 그 친구들과 이야기하다 보니, 제가 자유로운 시간을 훨씬 많이 가졌다는 것을 알게 되었어요.

정나윤 학생 : 저는 시험과 관련 없는 질문이 자유로웠던 점이 가장 달랐던 것 같아요. 창덕여중은 선생님이나 친구들에게 아주 사소한 질문도 자유롭게 할 수 있는 분위기가 형성되어 있어요. 그런데 고등학교에서 가끔 독특한 질문을 하면 '왜 이런 질문을 하지?'라는 표정을 받을 때가 있어요. 그 기반에는 '이런 건 시험에 안 나오는데 왜 질문을 하지?'라는 생각이 있는 것 같아요.

윤수란 : 그렇군요. 자유로운 분위기가 여러분의 학교생활과 학습에 도움을 준 부분이 있었던 것 같네요. 조금 더 구체적으로 수업 얘기를 해 볼까요? 졸업을 하고 보니 여러분의 학습에 많은 영향을 주고 있거나, 가장 기억에 남는 학습 장면은 어떤 것인가요?

이은솔 학생 : 저는 사회 선생님과 수학 선생님의 융합수업이 기억에 남아요. 그 전에는 사회 교과서 내용에 수학적인 의미는 없다고 생각했거든요. 그런데 융합수업을 통해 모든 교과 내용이 서로 연결되어 있다는 것을 깨닫게 되었어요.

김예린 학생 : 저는 프로젝트 수업이 기억에 남아요. 프로젝트 단계마다 선생님께서 피드백을 해 주셨어요. 그래서인지 프로젝트를 어

떻게 진행해야 하는지 구체적으로 알게 되었고, 팀원들과 어떻게 소통하면 되는지도 배울 수 있었어요. 중학교에서의 이런 활동은 고등학교 모둠 과제에도 큰 도움이 되었어요. 교과서 지식을 공부하면서 궁금한 것이 생기면, 스스로 좀 더 찾아보는 습관도 갖게 된 것 같아요.

윤수란 : 졸업을 하고 보니 고등학교에서 쉽게 경험하지 못하는 장면들이 기억에 남는 것 같네요. 그렇다면 학부모님께서는 창덕여중에서의 학교생활을 지켜보면서 어떤 생각을 하셨나요?

서혜주 학부모 : 사실 이 학교를 만나기 전에는 미래교육이나 미래학교는 생소한 것이었어요. 입학 후 첫 학부모 간담회 때, 미래교육에 대해 많은 것을 알게 되었어요. 특히 공개수업 때 수학 수업에 참관했는데, 음원 판매량을 소재로 한 수학 수업과 학생들의 적극적인 참여가 인상적이었어요. 아이들과 집에서 학교 수업에 대해 얘기해 보아도 깊이 있게 원리를 탐구하고, 학생들의 시야를 넓혀 주는 수업이 많았던 것 같아요. 보통의 학교에서 하지 못할 경험을 창덕여중에서 많이 했다고 봐요. 무엇보다 아이들이 학교를 너무 좋아하고, 행복한 중학교 시기를 보낸 것 같아요.

유수정 학부모 : 저희 아이는 성격이 적극적으로 변했어요. 자신에게 어떤 기회가 주어졌을 때, 실패 여부를 떠나 모든 과정이 자신의

경험이 된다며 적극적으로 임하는 모습을 보이더군요. 학교에서 수동적으로 수업을 받는 것이 아니라, 교실에서 다양하게 참여할 수 있는 기회를 지속적으로 제공받은 경험이 아이를 변화시킨 것 같아요. 학교의 교육 방향이 아이에게 긍정적인 변화를 주고 있다는 것을 많이 느꼈어요.

윤수란 : 고등학교 이야기를 좀 해 보기로 하겠습니다. 창덕여중 학생들과 학부모가 가장 불안해 하는 것은, 고등학교에서의 평가 방식이 창덕여중에서의 방식과 다르다는 점이죠. 실제로 어떤 점이 다른가요?

정나윤 학생 : 창덕여중에서는 노력하면 점수를 잘 받을 수 있었어요. 그런데 고등학교는 변별을 위해 문제를 꼬아서 내는 경우가 많아요. 저는 다른 선택지에 관해서도 같이 이야기해 보고 싶은데, 교과서에 정답 선택지가 딱 나와 있으니 이야기하기가 어려워요. 그리고 고등학교 선생님들은 "얘들아, 이거 시험에 나와."라는 말을 많이 하는 편이에요. 그러면 '내가 이거를 시험 때문에 공부해야 하나?'라는 생각이 들면서 약간 회의감이 들 때도 있어요.

김예린 학생 : 저는 평가의 포인트가 다르다고 느꼈어요. 창덕여중에서의 수업과 평가는 연결되어 있고, 어쩌면 점수도 크게 중요하지 않았어요. 그런데 고등학교의 평가는 수업과 평가가 동떨어진

경우가 많았어요. '이 수업을 잘 들었다는 것을 이 평가로 어떻게 확인할 수 있지?'라는 생각에 답답하기도 해요. 창덕여중에서는 다양한 방법으로 학습 과정을 평가하지만, 고등학교에서는 보고서 형태의 결과물로만 평가하는 것이 많았어요.

이은솔 학생 : 그런 차이들도 있지만, 저는 창덕여중이나 고등학교나 비슷하다고 생각해요. 공부 잘하는 친구들은 언제 어디서나 열심히 하기 때문이에요. 그러나 창덕여중에서의 다양한 경험을 통해 다른 친구들에 비해 나 자신을 좀 더 많이 알게 된 것은 분명한 것 같아요. 그런 점이 고등학교 성적으로 연결되지는 않았지만, 미래 성장의 측면에서는 유리하다고 생각하고 있어요.

윤수란 : 고등학교와 창덕여중의 차이가 평가 방식에서만 나타나는 것은 아닐 텐데요, 창덕여중을 졸업하고 고등학교 생활에 적응하는 데 어려움은 없었나요?

정나윤 학생 : 사실 고등학교 적응이 쉽지 않았어요. 수업을 들으며 '내가 왜 이렇게 배워야 하지?', '왜 학생에게 고민할 시간을 많이 주지 않지?'라는 생각을 진짜 많이 했어요. 일방적인 수업 방식을 받아들이는 것에 거부감이 생긴 것도 사실이에요. 이런 생각을 버리려고 노력했지만, 한 학기 정도는 지속되었어요. 다행인지는 모르겠지만, 지금은 고등학교 생활에 충분히 적응한 것 같아요.

김예린 학생 : 저는 시험 공부가 힘들었어요. 창덕여중에서의 시험은 중요하게 배운 부분에서 나왔는데, 고등학교 시험 문제는 정말 세세한 부분에서 나와요. 수업 때 활용하는 유인물을 여러 번 반복해서 공부한 친구가 수업 때 열심히 참여한 친구보다 높은 점수를 받는 것은 조금 아이러니해요. 또 창덕여중에서는 다양한 평가 방법이 있었지만, 고등학교의 평가는 사실상 무조건 지필평가예요. 수행평가는 변별력이 거의 없고, 시험 기간에만 열심히 하면 좋은 점수를 받는 편이죠. 그래서 저는 고등학교 1학년 때 교과심화연구로 '프로젝트 수업'에 관한 연구를 진행했어요. 지금의 수업과 평가를 바꿔야 한다는 점에는 교사와 학생 모두 공감하고 있었어요. 참여형 수업과 평가를 교사와 학생 모두 좋아했고요. 그런데 대학을 가야 하니 고등학교에서는 현실적으로 하기가 어렵다는 인식이 있어 안타까웠어요.

이은솔 학생 : 창덕여중에서 생활하며 내성적이었던 성격이 외향적으로 많이 바뀌었어요. 그래서 고등학교에서도 발표를 많이 하고 있어요. 또 수행평가 같은 걸 할 때도 창덕여중에서의 경험이 많기 때문에 다른 친구들에 비해 수월하게 할 수 있는 것 같아요.

유수정 학부모 : 저는 아이들이 (고등학교 생활을) 힘들어 하는 것을 잘 몰랐어요. 중학교 생활을 행복하게 보냈으니 만족했고, 중학교 생활과 고등학교 생활은 별개라고 생각했죠. 물론 중학교 때부터

고등학교 생활을 위해 훈련된 아이들은 분명 고등학교에 적응하기가 편할 거예요. 하지만 그 학생들은 중학교에서의 행복을 놓친 것은 아닐까요? 주변에는 대입이 가장 중요하다고 생각하는 학부모도 물론 있어요. 그런데 저는 대입을 위해 학교가 존재하는 것은 아니라고 생각해요. 어떤 학교가 되었든 그 한계가 있다고 생각하고요. 또 하나를 얻으면 하나를 잃을 수밖에 없고요. 저는 우리 아이들이 창덕여중에서 더 소중한 것을 얻었다고 봐요. 어쩌면 삶에서 정말 필요한 것들을 창덕여중에서 많이 배웠다고 생각해요. 우리 아이들은 100세까지 살아야 할지도 모르는 세상이잖아요. 그런 점에서 창덕여중을 선택해서 온 것은 아니지만, 미리 알았더라도 창덕여중을 선택했을 것 같아요.

서혜주 학부모 : 저는 이 자리에 오기 전에 졸업생인 아이와 짧게 대화를 나눴어요. 아이가 "창덕여중의 취지는 정말 좋지만, 고등학교가 안 바뀌면 교육이 좋아지기는 어려워."라는 말을 하더군요. 저희 아이는 창덕여중을 졸업하고 고등학교 생활도 정말 잘하고 있지만, 고등학교 교육에 대해선 아쉬움이 있는 것 같아요. 그리고 일부 사람들은 프로젝트 수업을 하면 공부를 안 한다고 생각하는데, 그건 분명히 아니에요. 오히려 근본을 따지는 공부이고, 문제해결력을 키울 수 있는 공부라고 생각해요. 아이들에겐 엄혹한 현실이지만, 중요한 것들을 잊으면 안 되는 것 같아요. 훗날 중학교 생활을 돌이켜보면 기억에 남는 추억이 많았으면 좋겠어요.

창덕여중을 졸업한 학생들과 학부모는 3년간의 경험이 자신들의 삶을 즐겁고 풍요롭게 했다고 말했다. 더 나아가 앞으로의 삶을 적극적으로 개척해 나가는 데도 도움이 될 것이라고 말했다. 창덕여중의 다양한 시도가 미래교육을 대표한다고 말할 수는 없다. 다만 창덕여중은 학생들의 삶이 깊이 있고, 더 풍요로울 수 있도록 끊임없이 토론하고 연구하고 있다.

제4장

학습 환경

미래학교와 테크놀로지

　　사람들은 '미래학교'라는 이름을 들으면 어떤 모습을 떠올릴까?
생각하는 사람마다 조금씩 다르겠지만, 대부분 공통적으로 생각하는
요소가 바로 테크놀로지의 활용이다. 창덕여중에서도 테크놀로지의
교육적 활용을 위해 고민하고 시행착오를 거치며 다양한 도전을 이
어 나가고 있다.

어떤 도구를 사용할 것인가

　　도구의 선택은 큰 예산이 사용되고, 학교 전체에 영향을 주며, 앞

으로의 학교 모습을 좌우할 수도 있었기에 여러 측면을 고려하며 진행해야 했다. 한 부서에서 몇 명의 교사가 감당하기에는 어려운 일이기에 부서 간 협업, 교내 교사 의견 수렴, 정보화 기기 선정위원회, 학교운영위원회를 거치며 의사결정을 진행했다.

2015년에는 기본 환경을 구축했다. 자유로운 무선 네트워킹을 위해 모든 교실에 WAP[12]를 구축했고, 학생 수 정도의 태블릿PC를 구매했다. 여러 업체가 제안서를 만들고 교사들을 대상으로 제품을 소개했다. 교무실에 기기를 배치해 직접 만져 보고 장단점을 살펴볼 수 있는 기회도 마련했다. 그 결과 학생과 교사 모두에게 익숙한 마이크로소프트(MS)의 Windows 기반 기기들이 선정됐다.

2016년에는 기기의 종류가 다양해졌다. 태블릿PC 사용량이 증가했고, 기존 기기와 다른 운영체제를 가진 기기 구매에 대한 요청도 많아졌다. 관리 및 사용 편의성을 위해 기존 기기와 같은 제품군을 추가 구매하고, 애플의 iOS 기반 태블릿PC도 구매했다. 교사들의 요청을 바탕으로 액션캠, 3D프린터, 짐벌, 화상회의 시스템, 컷팅프린터, 360도 카메라, 태블릿, VR, 비디오 게임기, 크로마키 장비 등 다양한 수업용 기자재도 구매했다.

2017년부터 2019년에는 기존 기기를 더 잘 사용하기 위해 노력했다. 새로운 기기 구매를 최소화하고 구글 안드로이드 기반 스마트폰

---

12 WAP(Wireless Access Point, 무선 액세스 포인트), 컴퓨터 네트워크에서 와이파이를 이용한 관련 표준을 이용하여 무선 장치들을 유선 장치에 연결할 수 있게 하는 장치를 가리킨다. (위키백과)

정도만 추가로 구매했다. 기존에 가지고 있던 윈도우, iOS 이외에 안드로이드의 장점을 수업에 활용하려는 교사들의 요구를 반영한 결과이다. 가벼운 검색, 사진 촬영, 교실 밖 활동에서의 활용을 위해 휴대성이 뛰어난 스마트폰으로 선정했다.

실제로 다양한 기기가 넉넉한 수량으로 준비되자 교사들은 과목이나 해당 수업 활동에 가장 적합한 기기를 자유롭게 사용할 수 있었다. 기기에 맞추어 수업을 준비하는 것이 아니라 수업에 맞추어 기기를 준비하게 된 것이다.

어떻게 관리할 것인가

학생용 기기 배부 방식의 변화

학생용 기기를 어떻게 배부할지도 중요한 문제였다. 해외 학교의 사례들을 탐색하며 배부 방식을 결정했다.

2015년에는 시범적으로 1학년 학생들에게만 1인 1기기를 배부했다. 아침에 등교하며 기기를 받고, 종례 후 기기를 반납한 뒤 하교했다. 학생들은 쉬는 시간에도 자유롭게 기기를 활용할 수 있어 과제를 하거나 학습 자료에 접근하기 편리하다는 장점이 있었다. 하지만 기기 파손 및 분실, 학생이 본인의 희망과 관계없이 책임지게 된 비싼 기기 관리의 부담감, 학습과 무관한 용도로 사용하는 등의 문제점도 나타났다. 따라서 1인 1기기 체계를 유지하기 어려워졌다.

이 문제를 해결하기 위해 2016년에는 교사들이 대여하는 방식으로 바꿨다. 수업마다 사용하는 기종이 달라 학생들에게 한 종류의 기기만 대여해 줄 수 없게 됐다는 점도 함께 고려했다. 등교 시간에 전 교생이 개별적으로 대여하려면 테크센터에 긴 줄이 생기는 것도 매우 비효율적인 모습이라고 판단했다. 교사들이 온라인 공유문서인 학생용 기기 사용 신청서에 날짜, 장소, 기기 종류, 수량 등을 입력하면 테크센터 매니저는 신청한 내용에 따라 기기를 적절하게 배정했다. 교사는 대여일에 테크센터에 방문하여 태블릿PC 충전함과 액세서리, 엘리베이터 카드 등을 대여하여 사용한 후 반납했다. 기기 충전 및 배정 시간을 확보하기 위해 '사용 전일 신청, 사용 당일 반납'의 원칙을 강조했다. 대여 방식을 바꾸자 태블릿PC의 월평균 A/S 건수가 2015년 22.2건에서 2016년 4.25건으로 확연하게 줄었다.

2017년부터 2019년에는 이러한 시스템이 안정화됐다. 수업, 종례, 업무 등으로 시간이 부족한 교사들이 기기를 늦게 반납하는 문제, 무

19_학생용 기기 사용 신청

										정보부	
김ㅇㅇ	2019.3.5	1,2,5,7	Surface	과학1실	2층	20	아니요	펜, 이어폰	네	달연하죠	네
신청자	사용일자	교사	기기 종류	사용 교실	교무실	수량	uclass 사용 (필수여부)	기타 사항	안내 1. 충전함을 네	안내 2. 대여 및 반납	안내 3. 처음 드린 그
김ㅇㅇ	2019.4.15	1,4,5	Surface	개별 2	2층	3	아니요	펜	네	네	네
김ㅇㅇ	2019.4.15	2,3,4	Surface	과학2실	3층	13	아니요	펜	네	네	네
박ㅇㅇ	2019.4.15	2,3	Surface	사회2실	4층	15	아니요		네	네	네
송ㅇㅇ	2019.4.15	2,3	Surface	수학3실	4층	20	아니요	마우스	네	네	네
안ㅇㅇ	2019.4.15	5	서피스	누리방	2층	17	예	펜,마우스	네	네	네
이ㅇㅇ	2019.4.15	2,3	Surface	정보방	4층	15	아니요	마우스, 이어폰	네	네	네
이ㅇㅇ	2019.4.15	1,5	Ipad	영어2실	4층	13	아니요	펜	네	네	네
이ㅇㅇ	2019.4.15	2,3	아이패드	국어실	4층	15			네	네	네
전ㅇㅇ	2019.4.15	5		제독관	4층	8	아니요	펜.마우스	네	네	예압
정ㅇㅇ	2019.4.15	5	서피스	진로실	3층	13	아니요	마우스	네	네	네
정ㅇㅇ	2019.4.15	2,3	Surface	국어2실	3층	12	예	이어폰	네	네	네
진ㅇㅇ	2019.4.15	2,3	VR 기기, 핸드폰	영어2	4층	16	아니요		네	네	네
최ㅇㅇ	2019.4.15	5	Surface	개별1	2층	10	예		네	네	네
한ㅇㅇ	2019.4.15	1,5	Surface	국어2, 3실	3층	20	예	마우스	네	네	네
Mㅇㅇ	2019.4.16	5	Surface	영어2실	4층	16	아니요	이어폰	네	네	네
강ㅇㅇ	2019.4.16	2,3,7	Surface	수학1실	3층	16	예	펜	네	네	네
김ㅇㅇ	2019.4.16	1,2	Surface	과학3실	4층	15	예	마우스	네	네	네
김ㅇㅇ	2019.4.16	1,2	스마트폰	과학1실	3층	17	아니요	·	네	네	네
김ㅇㅇ	2019.4.16	3,4	Surface	도덕실	3층	17	아니요		네	네	네
김ㅇㅇ	2019.4.16	4,6	Surface	제육관	4층	8	아니요	펜, 마우스	네	네	네

학생용 기기 사용 신청 대장

거운 충전함을 옮기기 어려운 교실의 턱이나 복도 경사 문제 등이 조금씩 남아 있지만, 2019년 겨울 모든 교실의 앞쪽 문턱을 완만하게 바꾸는 공사를 진행하는 등 조금씩 문제를 해결해 가고 있다.

학생용 기기 준비

기기 문제가 수업 진행에 방해가 되지 않으려면 여러 준비가 필요하다.

2015년에는 수업용 기본 설치 프로그램 목록을 정리하여 기기 납품업체 직원에게 전달하고, 그 이외의 설정 사항은 업체 직원의 판단에 맡겼다. 하지만 기기를 본격적으로 활용하다 보니 온라인 계정 로그인 필요, 설치 프로그램 종류 재검토 등 여러 문제점이 발견됐다. 이를 해결하고자 8월에 기기를 초기화했다. 학생들이 학교에서 작업하던 파일이나 디지털화된 교과서를 집이나 스마트폰에서도 볼 수 있고, 애플리케이션도 보다 효과적으로 활용하기 위한 세팅 방법을 고민했다. 그 결과, 모든 학생과 교사의 MS 계정을 만들고, 교과별로 활용하기 좋은 애플리케이션과 프로그램을 다시 정리했으며, 이를 바탕화면과 작업표시줄에 고정해 활용성을 높였다.

9월 초 기기를 활용하다 보니 미처 생각하지 못했던 WAP 인식 오류, 이미지 작업으로 인한 프로그램 정품 인증 오류, 학생들의 활용 역량 부족 문제 등이 발생했다. 결국 10월 말에 다시 기기 세팅 작업을 진행했다. 기기 복구 프로그램을 설치하여 재부팅 시 학생 기기가 항상 초기화되도록 하고, 불필요한 프로그램 설치를 차단했다. 학생들이 교육활동에 필요하지 않은 프로그램이나 정보에 접근한 사례들이 증가하여 내린 조치였다. 단, 학생이 수업 시간에 다루는 자료는 클라우드 저장 공간에 개인 계정으로 저장하도록 지도했다.

이런 방식이 현재까지 유지되고 있다. 학생들도 이에 익숙해지면서 안정적으로 사용 중이다.

학생의 기기 파손, 벌점이 아닌 교육으로 해결하기

학생이 기기를 사용하다가 파손하면 어떻게 처리해야 할까? 교육적 측면과 예산 측면에서 고민이 필요하다.

2015년에는 기기 구매 시 계약 사항에 무상 A/S를 명시하고, 별도의 보험 가입을 진행하여 학생의 부담을 최소화하는 방안을 마련했다. 기기를 파손하거나 주변 부품을 분실한 학생에게는 벌점을 주고, 보호자에게 연락하는 내부 지침도 정했지만 이와 같은 노력에도 액정 파손 및 액세서리 분실 빈도는 점점 늘어났다. 2016년에도 새로 구매한 기기들은 무상보증 기간을 추가하는 프로그램을 함께 구매하거나 분실 파손에 대비한 별도의 보험에 가입했다. 사용자의 부주의로 인한 파손 등에 예기치 못한 금액이 지출되는 것을 방지하기 위함이다.

하지만 아쉬웠던 점은 학생들이 일부러 파손하거나 분실하는 것이 아니라는 점이었다. 문제가 생긴 후에 해결하는 방법이 아니라, 문제를 줄이는 근본적인 방법을 고민해야 했다. 학교는 학생들이 무언가를 잘하지 못할 때 교육을 통해 잘할 수 있도록 도와야 한다. 이를 위해 1학년 자유학기제 프로그램에서 기기를 포함하여 모든 학교 시설을 소중히 다룰 것을 함께 교육하고 있다. 교육과정 편성이 학교 환경 관리와 교과 수업을 지원하게 된 것이다. 현재도 이러한 모습을 유지하고 있다.

새롭게 도입된 운영체제 애플 iOS 대응

기기는 운영체제에 따라 관리 방법도 다르다. 새로운 기기가 들어오면 새로운 관리 방법이 필요하다.

2016년부터 2017년에 구매한 iOS 기반 기기는 사용자가 프로그램을 잘못 설치하는 일이 거의 일어나지 않기 때문에 윈도우 기기처럼 전원을 켤 때마다 복구되는 시스템은 설치하지 않았다. 하지만 점점 설치하는 애플리케이션이 많아졌고, 대여 수량도 늘어나며 관리가 어려워졌다. 이를 위해 애플 MacOS를 사용하는 컴퓨터를 구매하여 기기를 관리하는 프로그램을 사용했다. 사용 방법이 익숙하지 않았지만, 기기 제조업체에 직접 문의하며 사용 방법을 익혀 나갔다.

2018년부터 2019년에는 애플의 보안 정책 변경으로 기존에 사용하던 관리 방법을 변경해야 하는 상황이 발생했다. 이 문제를 해결하기 위해 여러 대의 iOS 기기를 관리·감독하는 MDM 프로그램[13]을 도입했다. 이것은 비전공자인 교사에겐 용어부터 낯설어 개념과 체계를 이해하는 것만으로도 많은 시간이 걸렸다. 비슷한 문제를 가

---

13 MDM(Mobile Device Management), 원격으로 스마트폰, 태블릿PC 등 모바일 단말기의 설정을 변경할 수 있는 애플리케이션이다. (네이버 지식백과)

진 학교들이 많지 않아 인터넷 검색으로도 답이 나오질 않았다. 신뢰할 만한 정보는 애플의 영문 공식 홈페이지뿐이었으나, 이것마저도 비전공자가 이해하기에는 어려웠다. 다행히 애플과 파트너사의 직접적인 도움을 받을 수 있게 되어 MDM 프로그램을 통한 대규모 기기관리시스템을 구축했다.

현재는 원격으로 아이패드의 권한을 설정하거나 변경하여 기기를 활용하고 있어 기기 관리의 효율성이 매우 증가했다.

누가 관리할 것인가

테크센터

기기를 도입하여 활용·관리하기 위해서는 새로운 공간이 필요하다.

2015년에는 접근성을 고려하여 학교 중앙 건물 1층 서버실을 개조하여 테크센터를 만들었다. 테크센터를 설치한 목적은 '수업에 활용할 수 있는 각종 테크놀로지 기기 환경을 지원하여 교사가 수업에 집중할 수 있게 하는 것'이었다.

2016년에는 기기의 수와 종류 증가에 대처하기 위해 테크센터에 전원 콘센트와 보안 장치를 추가했고, 충전함의 크기에 맞춘 입식 작업 테이블도 구축했다. 현재 테크센터는 미래학교의 특징을 잘 보여주는 공간 중 하나이다.

테크센터 매니저

테크센터가 제 역할을 하기 위해 사람이 필요하다.

테크센터 구축 목적을 달성하기 위해 수업을 하지 않고 전문적인 지원에 집중할 수 있는 별도 인력인 '테크센터 매니저'도 연구학교 예산으로 채용했다.

2015년 미래학교 초기의 테크센터 매니저는 학생용 기기 반·출입, A/S 접수, 리퍼받은 기기 설정 업무를 담당했다. 대량의 기기 관리와 테크센터 운영이 학교와 매니저 모두에게 낯선 상황이었기 때문에 서로 서툴 수밖에 없었고, 매니저는 테크센터 업무를 매우 어려워했다. 적절한 사람을 채용하는 것도 어려웠고, 이들이 오랫동안 학교에 애정을 갖고 일하게 하는 것도 쉽지 않았다. 이러한 경험을 통해 테크센터 매니저에게는 전산 관련 역량과 학교 환경 적응력이 모두 필요하다는 것을 깨달았다.

테크센터

그러던 중 창덕여중에 근무하는 시간강사 중 이와 잘 맞는 사람이 있었다. 학교에서는 채용 규정과 개인 의사를 확인한 후 관련 절차를 거쳐 테크센터 매니저로 채용했다. 태블릿PC의 A/S 체계가 자리를 잡기 시작하는 시기에 수업 상황을 이해하는 사람이 기기를 관리하게 되니 테크센터 운영에 상승 효과가 나타나기 시작했다.

테크센터가 창덕여중의 중요한 부분이 되기까지는 각종 현안을 함께 고민하고 적극적으로 대처하며 역량을 발휘해 온 테크센터 매니저의 역할이 컸다. 단순한 기기의 관리 수준을 넘어 각각의 교사들이 어떤 수업을 하는지, 어떤 기기와 어떤 도구를 활용하는지 이해하기 위해 노력하며 개별 교사에게 적합한 형태의 기기를 배치하여 지원했다. 교사들의 요구에 수동적으로 대처하는 수준을 넘어 새로운 도구들을 배우고 안내하는 역할까지 수행하면서 교사들과의 신뢰 관계 역시 탄탄하게 구축됐다. 하지만 이 매니저도 개인적 사정으로 2018년 말에 사직했다.

2019년부터는 새로운 테크센터 매니저와 정보부 교사들이 테크센터를 중심으로 업무일지를 정리했다. 정보부 업무들은 끊임없이 변화하므로 매뉴얼에 의해 이루어지는 것에 한계가 있고, 업무와 관련된 많은 노하우가 주로 담당자에게만 남아 있는 경우가 많다는 문제를 조금이나마 해결하고 싶었기 때문이다. 그리고 지금은 이 일지 자체가 다음 업무 담당자들을 위한 인수인계 자료 및 매뉴얼로 활용되리라 생각하고 있다.

시기	내용
2월 말	**짧은 인수인계와 창덕여중의 수업 시스템** 1. 축약된 인수인계 2. 기기 설명회(창덕 시스템들 파악)
3월	**테크센터의 모든 일을 파악하라.** 1. 기기 파악(충전함, 액세서리 등) 2. 창덕여중만의 시스템 파악(디지털바인더, 중앙현관 DID 등) 3. 교과 특성에 맞게 기기 설정 및 배정 4. 고장 기기 대처 방안 고민 5. 테크센터에서 일어나는 모든 일을 공유노트에 기록하기 시작
4월	**테크센터의 모든 이슈를 해결하라.** 1. 일부 교실의 네트워크 신호가 약해지는 문제 발생 　- 원인을 찾기 위해 여러 가지 방법 시도 　- WAP업체와 협업(네트워크 신호를 강하게 만들고, 해당 교실 전용 기기 설정) 2. "충전함 키를 자꾸 잃어버리게 되니, 달아 버리는 것이 어떨까?" 　- 아이디어를 내고 적용했더니 선생님들의 반응이 좋음. 3. 기기 관련 낯선 용어들 익히기 4. 스마트 테이블 소프트웨어 재설치 시 업체와 문제 발생 　- 통화로는 의사소통이 불가능, 이메일로 지속적 문제 제기 5. Windows 태블릿PC 업데이트(주기적 업데이트 필요)
5월	**테크센터 운영과 아이패드 관리 시스템 구축** 1. 화/목에 집중되는 기기 신청들에 대비하여 더 일찍 출근 2. 수업용 아이패드 설정을 위해 2종류의 관리 프로그램 테스트 및 장단점 비교 　- 앱 구매 영수증 발행 문제 해결 　- 기기별 애플리케이션 설치 현황 기록 3. 여름방학 윈도우10 업그레이드를 대비해 교사 베타테스터 운영 4. 중앙현관 미디어 월(화면)의 문제 　- 업체에 문의했으나 유지보수 계약이 없으니 지원이 어렵다는 답변 받음. 5. 디지털 바인더 설치 오류로 인한 업체 연락 및 원격지원
6월	**네트워크와 여름방학 준비, 각국의 방문객들** 1. 여름방학 계획 정리 2. 각 업체와 수리 일정 조율(본교 유지보수 업체 및 관련 업체) 3. 여름방학에 설치할 부품 구매 4. 방학 중 연수를 위한 앱 설치와 기기 준비 5. 방학 중 여러 지역, 다양한 국가, 기관 등 방문(탄자니아, 터키, 타 지역교육청 등) 6. 각종 장비 오작동 및 고장 7. 각종 기기 업데이트 8. 낙뢰로 차단기 내려감(2~3층 일부 장비 전원이 꺼짐).

2019 테크센터 업무일지(요약)

시기	내용
7월	**유지보수의 기간들, 업체와 조율하기** 1. 업체 견적 및 계획 정리(견적의 세부사항 이해와 가격 및 기간 조율) 2. 윈도우 업그레이드를 위한 준비 3. 타 학교 교사 연수용 계정 생성 4. 2학기 수업용 앱 구매 및 설치 5. 기기 신청이 없는 시험 기간을 활용하여 충전함 보수 및 청소 6. 학생 자료 백업 7. 국가교육위원회의 방문 8. 교내 교사 자율연수 참여 9. 교사용 PC 윈도우10 업그레이드 및 서버 PC 재설정 10. 스마트 테이블 라이선스 문제 마무리
8월	**윈도우10 업그레이드, 개학** 1. 윈도우10 업그레이드 및 DID 솔루션 재설치 2. 2학기 교사용 기기 신청서 배포 3. 중앙현관 미디어 월 문제 발생 　– 컨트롤 소프트웨어와 윈도우10이 충돌하여 사용 불가 4. 일부 교실 WAP고장으로 담당자에게 연락 후 방문 해결 5. 아이패드 관리 도구 이슈가 해결됨. 1년 라이선스 대량 구매 후 프로파일 설치 6. 스마트기기 사용 규정 수정 보완 7. AR장비 수업용 세팅 및 프로젝터 설치
9월	**윈도우10 본격 사용 및 감사 준비** 1. 2학기 전입 교사 계정 생성 및 PC 설정 2. 교내 각종 행사용 기기 지원(방과 후 사용 신청 서류 작성) 3. 업무를 위한 기기 및 아웃룩 설정 후 문제 발생 및 해결 4. DID 솔루션 문제 발생 5. 기자재 현황 재확인 및 자료 정리 6. 협력 업체와의 의견 공유 및 협력의 장 생성 7. 장비 노후화로 인한 문제 발생(선 교체 등)
10월	**쉽게 되는 것이 하나도 없구나** 1. 테크센터 필요 물품 구매 2. 이동식 프로젝터의 사용 빈도가 낮아 책방 프로젝터 교체에 활용 3. 태블릿PC 관리 도구 문제 발생 4. 디지털 바인더 문제 발생 　– 업체와 연락 후 솔루션 실행 5. 11월 타학교 컨설팅 준비 6. 수업을 위한 프로그램 문의가 있어 해당 프로그램 찾아 안내 7. 중앙현관 미디어 월 수리 및 업그레이드 　– 수리 후 기기의 성능 검수 필요

2019 테크센터 업무일지(요약)

어떻게 지원할 것인가

학교 안 공유

창덕여중의 구성원이라고 해서 모두 테크놀로지 활용 능력이 뛰어나야 하는 것은 아니다. 테크놀로지를 활용코자 하는 교사를 지원하는 시스템이 필요하다.

2015년에는 사용하고자 하는 의지에 비해 사용 방법이 미숙한 교사가 많았다. 이에 먼저 기기 사용에 익숙해진 교사가 자발적으로 교내 자율연수를 진행했다. 직무연수로 인정되지도 않고 퇴근 시간을 넘겨 진행된 희망자 대상 연수임에도 전체 교사 27명 중 19명(70%)의 교사가 참여했다. 내용은 클라우드 저장 공간, 계정 관리, 기기 환경 설정, 메일/캘린더 애플리케이션, 공유노트 등에 대한 활용이었다.

2016년부터는 정보부가 자율연수를 주관하기 시작했다. 다음 학년도를 대비하여 개학 전 전체 교사와 전입 교사를 대상으로 하는 연수도 정례화되기 시작했다. 기존에 활용하던 소프트웨어들의 변경 사항과 DID(층별 모니터) 등 학교 기기에 대한 안내를 실시했다.

2017년부터 2018년에는 교무부의 요청에 따라 평가 관련 프로그램 사용법을 안내했다. 이후 교사 개개인들의 다양한 노하우를 공유하기 위해 9월 초 '창덕 테크놀로지 토크콘서트'를 열었다. 7명의 교사가 자신의 수업 및 테크놀로지 활용 방법을 아낌없이 공유했다.

2019년에는 동영상 플랫폼, 평가 및 피드백을 위한 학습 관리 플랫폼, 평가 자료 수합 및 피드백용 엑셀 파일 만들기 등 수업과 평가

효율화를 위한 연수들을 진행했다. 학기의 마무리와 새로운 학기 준비를 위하여 수업과 평가에 좀 더 특화된 연수들이었다. 하지만 개인적 사정 때문에 자율연수에 참석하지 못하는 교사들과의 공유, 정보부 교사들의 업무 부담으로 인해 자율연수 횟수는 제한적일 수밖에 없었다. 이러한 부족함을 채우기 위해 자율연수 강의 화면 녹화 영상, 정보부 교사들이 제작한 각종 도구 활용 방법 안내 영상, 각종 테크놀로지 관련 문제 해결 매뉴얼 등을 공유했다.

이러한 준비들로 인해 교사는 필요에 따라 테크놀로지를 원활하게 사용하며 이를 통해 수업과 평가, 그리고 업무의 효율성과 효과성을 높이고 있다.

학교 밖 공유

창덕여중은 연구학교로서 연수기관의 역할도 수행해 왔다. 연구의 성과를 다른 학교 교사들과도 공유하며 함께 성장하기 위함이다.

2019년에는 학교별 기기 보급 사업이 늘어나면서 이를 준비하기 위한 컨설팅과 연수 요청이 급격히 늘었다. 이에 도움이 되기 위해 처음으로 정보부 차원에서의 15시간 특수분야 직무연수를 개설했다. 2015년부터 시작한 과목별 연수에 녹아 있던 테크놀로지 부분을 모아 연수를 기획했다. 창덕여중에서 활발하게 사용하고 있는 대표적인 도구들을 정리하고, 이를 연수할 본교 교사를 강사로 섭외했다. 여러 과목에서의 활용 사례를 볼 수 있도록 교과가 겹치지 않게 했다. 연수의 특성상 학교에서 정보부 업무를 담당하는 교사들이 있을 것으로 예상하여 수업뿐만 아니라 업무에서의 활용, 테크센터와 매니저의 역할을 안내하는 과정도 포함시켰다. 급하게 안내된 연수임에도 신청자는 계획된 연수 인원을 훌쩍 넘겼고, 청강을 요청하는 교사들도 있었다. 테크놀로지 활용에 대한 교사들의 갈증과 지속적 연수 개설의 필요성을 느낄 수 있었다.

일차	교시	과목명	강사
1일차	1~2교시	창덕여중 공간과 테크놀로지	테크센터 매니저 정○○
	3~4교시	업무를 돕는 스마트 도구 (MS 오피스365)	정보부장 김○○
2일차	1~3교시	수업을 돕는 스마트 도구 1 (아이패드, 패들렛, 화면 녹화)	영어 교사 이○○
	4~6교시	수업을 돕는 스마트 도구 2 (팀즈, YouTube, Google Maps)	사회 교사 박○○
3일차	1~3교시	수업을 돕는 스마트 도구 3 (원노트, 수업용 전자필기장)	수학 교사 김○○
	4~5교시	수업을 돕는 스마트 도구 4 (원노트, AR 앱)	과학 교사 김○○

특수 분야 직무연수 진행표

어떻게 생각할까

창덕여중과 테크놀로지

창덕여중의 교사들은 교육 현장에서의 테크놀로지 활용에 관한 우려 섞인 질문을 자주 받는다. 미래학교와 테크놀로지의 관계, 테크놀로지를 적용한 수업의 실제 사례 및 효과성, 테크놀로지를 안정적으로 활용하기 위해 필요한 학교 문화 등에 대한 질문이다. 교사들은 테크놀로지와 미래학교의 정체성에 대해 다양한 고민을 한다.

저는 우리 학교의 어느 교사도 '미래학교＝테크놀로지'라는 공식에 동의하지 않을 것이라고 확신해요. 우리 모두 수업과 테크놀로지 중 무엇이 더 우선인지 알잖아요.

—이○○ 영어 교사

창덕여중의 학생들과 교사들은 수업과 평가가 테크놀로지 활용 여부를 결정한다고 생각한다. 매 수업이 테크놀로지에 기반하여 이루어지지는 않기 때문이다. 교사들은 수업의 목표, 활동의 성격, 테크놀로지의 특성에 따라 선택적으로 테크놀로지를 수업에 도입한다. 종이가 필요한 곳에는 종이를, 테크놀로지가 필요한 곳에는 테크놀로지를 사용한다. 그러면 창덕여중의 교사들은 테크놀로지를 언제, 무엇을 위해 활용할까?

학생들의 학습을 보다 효율화하고 개별화하기 위해 테크놀로지를 사용합니다. 효율화란 노력 대비 수업 효과가 높아지는 것을 의미하고, 개별화란 학생 개개인의 배움과 성장이 가능해지는 것을 의미합니다. 효율화하지 못하고 개별화하지 못하는 테크놀로지는 굳이 사용할 필요가 없다고 생각합니다.

—박○○ 사회 교사

비유적으로 말씀드리자면, 저는 수업과 테크놀로지를 요리와 양념 정도로 봅니다. 테크놀로지라는 양념은 요리의 주재료는 아니지만, 요리를 풍성하게 해 주고, 요리의 맛을 제대로 내는 데 큰 도움을 줍니다. 조금 구체적으로 말씀드리자면, 테크놀로지는 제가 수업을 진행하는 데 있어 공간과 시간의 제약을 없애는 역할을 합니다. 그래서 그 제약들을 물리치고 학습목표에 보다 더 집중할 수 있게 해 주는 도구입니다.

—김○○ 수학 교사

테크놀로지의 도움을 받으면 특수교육 학생들의 개별적인 특성 및 교육 방법에 따라서 개별화 교육을 구현할 수 있어요. 테크놀로지는 '장애를 넘어 누구나 배우고 성장하는 수업'을 실현할 수 있는 매체입니다.

—최○○ 특수교사

이런 장점에도 불구하고 테크놀로지를 수업에 활용할 때에 교사나 학생들이 늘 경계하고 조심하는 부분이 있다. 교사들은 수업목표를 달성하는 과정에서 테크놀로지가 도움이 되는지, 테크놀로지가 더욱 흥미로우면서도 도전적인 과제를 줄 수 있는 것인지, 문제가 생겼을 때 대비책은 무엇인지 등을 미리 고려하여 수업을 설계한다. 학생 역시 작업 중 발생하는 오류들에 대비하는 자세를 늘 갖추어야 한다.

Before using a specific device or platform, I ask myself the following questions. Will we be using our class time efficiently? Will this activity be interesting and challenging? What is our backup plan in the event of technical difficulties?

— M○○ H○○ 영어 교사

테크놀로지 활용의 기반, 학교 문화

학생과 교사 모두 학교의 모든 디바이스를 굉장히 소중하게 다룬다. 또한 학생들은 학교의 테크놀로지를 올바르게 활용하는 방법을 스스로 판단하고 그에 따라 행동한다.

선생님들이 우리를 믿고 자유롭게 사용하게 해 주는 것들이잖아요. 잘 사용하고, 잘 끄고, 잘 반납하는 게 당연한 것 아니에요?

—○○○ 학생

학생들이 학교 아이패드로 영상 촬영을 굉장히 많이 하는데, 여태까지 아이패드가 파손된 적이 한 번도 없다는 것이 정말 놀랍죠. 그럴 수 있는 이유는 우리 학교의 학생들과 선생님들이 모두 주인의식을 갖고 있기 때문인 것 같아요.

—정○○ 테크센터 매니저

이러한 학생들의 책임감에 기반을 둔 자율적인 기기 사용 문화는 학생들의 테크놀로지 활용 권한을 확대시켰다. 2층과 4층 홈베이스 옆에는 학생들이 쉬는 시간이나 방과 후에 자유롭게 컴퓨터를 사용할 수 있는 개방된 컴퓨터 사용 공간이 있다. 많은 학교에서 컴퓨터실을 잠그고 관리하는 것과는 대조되는 모습이다.

빠르게 변화하는 시대의 흐름을 주도하는 학생을 기르기 위해서 교사들 역시 개방적이고 과감한 생각을 할 수 있어야 한다. 새로운 테크놀로지가 수업과 평가를 어떻게 발전시킬 수 있는지를 고민하고 배우려는 자세도 중요하다. 그러나 우리의 교실에 새로운 것을 적용할 때에는 매우 조심스러운 자세가 필요하다. 혁신적인 생각, 배우려는 태도, 신중한 실천들이 어우러질 때 우리의 수업은 올바른 방향으로 성장할 수 있을 것이다.

테크놀로지를 위한 수업이 아닌, 수업을 위한 테크놀로지의 활용이라는 관점을 잊지 않아야 합니다.

—김○○ 과학 교사

무엇이 더 필요할까
― 지속가능성을 위한 상상

앞으로의 학교는 테크놀로지를 어떻게 그려 나갈까? 단순히 테크놀로지에 점령당한 학교의 모습이 아니라 테크놀로지가 교육활동의 효과성과 효율성을 증진시키며 어우러지는 진정한 에듀테크 (EduTech)[14]의 모습을 고민하며 몇 가지 상상을 해 보았다.

기기 보급 사업의 예산이 장기적 관점에서 지속적으로 편성된다면 어떨까?

기기 보급 사업을 보면 처음에 기기를 구매하는 예산은 편성되어 있지만, 유지보수를 위한 예산을 편성하지 않는 경우가 많다. 그러면 학교는 자체 예산 중 유지보수 예산을 편성해야 하고, 이 비용을 아끼기 위해 기기를 소극적으로 사용하게 된다. 결국 특별실 구석에서 먼지만 쌓이며 세월을 보내다 구형이 되어 폐기되는 안타까운 일도 일어난다. 그러나 유지보수 예산이 있으면 이를 관리하는 프로그램을 구매 및 업데이트하고, 이를 기반으로 기기를 꾸준히 관리하면서 더 의미 있게 기기를 활용할 수 있지 않을까?

학교마다 에듀테크 전문가가 배치된다면 어떨까?

굳이 미래학교가 아니어도 학교에 테크놀로지가 들어오는 것을 막을 수는 없다. 오히려 이를 잘 이용하여 더 나은 교육을 해야 한다. 최근 학교에 다양한 테크놀로지가 들어오면서 이와 관련된 업무가 증가하고 있다. 예산을 사용해 기기를 구매하는 것부터 시작하여, 이를 유지관리하기 위한 업무도 있다. 거기에 더해 이를 학교 교육활동

---

14 EduTech(Educational Technology)

에 어떻게 활용할 것인가에 대한 고민도 필요하다. 학교에 배부된 예산으로 무언가를 산다고 끝나는 일이 아니다.

테크놀로지 도입을 준비하는 많은 학교의 교사들을 만나 보면 더 나은 교육활동을 위해 테크놀로지를 도입하는데, 이를 처리하느라 교육활동을 고민할 시간과 에너지가 부족해 오히려 교육활동의 질이 낮아진다고 이야기하는 경우가 많다. 참 아이러니한 상황이다.

이러한 일은 상당한 전문성이 요구되는 일이다. 그런데도 기존의 전산실무사나 일주일에 1~2번 잠깐씩 방문하는 기존 유지보수업체로도 유지할 수 있다고 생각하는 경우도 만나게 된다. 업무의 양만이 아니라 질에서도 수업을 하는 교사가 감당하기 벅찬 일이다. 창덕여중의 테크센터 매니저와 유사한 역할을 담당할 인력이 학교마다 배치되어 교사와 함께 에듀테크를 발전시키는 모습을 상상해 본다.

학교별 테크센터를 총괄하는 교육청 단위 컨트롤 타워가 있다면 어떨까?

현재 학교의 교사들은 테크놀로지 관련 문제가 발생하면 이를 교사 개인이 MS, 애플, 구글 등 관련 기업의 교사 커뮤니티에 참여하여 정보를 얻고 해결한다. 테크놀로지와 관련된 문제는 보안 규정과 연관된 경우가 많아 결국은 다시 교육청에도 문의한다. 교사 혼자 기업 커뮤니티와 교육청 사이를 오가며 문제를 해결하고 있다. 이 과정이 끝나고 나면 해당 문제 해결의 노하우는 역시 해당 기업과 개인 교사만 갖게 된다. 같은 문제를 가진 다른 교사는 이 노하우를 접하지 못한 채 다시 같은 시행착오를 그대로 반복한다. 같은 시행착오를 여러 교사가 동일하게 겪게 하는 교육력 낭비가 일어나고 있는 것이며, 노하우가 개인에게 축적되어 결국 해당 교사가 바뀌면 노하우도 사라지는 것이다.

하지만 교육청 단위 컨트롤 타워가 생기고, 문제 해결을 위한 통로가 일원화된다면 그 노하우가 교육청에 축적되고, 이를 이용하는 교사는 더욱 효율적으로 문제를 해결할 수 있게 된다. 교육청이 더욱더 효율적이고 고도화된 교육 지원 시스템을 가진 교육기관으로 거듭나는 것이다. 이미 관련된 노하우를 많이 가진 교사들과 함께 시스템을 구축하고 유지하는 것도 좋을 것이다. 이러한 컨트롤 타워가 단위학교의 테크센터와 긴밀하게 협업한다면 더욱더 좋을 것이다. 더 나아가 이런 컨트롤 타워에서 학교와 하드웨어 및 소프트웨어 납품업체를 연결해 주고, 업체 선정 방법, A/S에 대한 일괄 계약, 테크놀로지 관련 문제 해결을 위한 온오프라인 지원 등을 실시한다면 더욱 효과적일 것이다.

학교 정보부 업무가 재조정되면 어떨까?

학교 정보부가 하는 일을 보면 네트워크 관리 담당이라는 이유만으로 인터넷 전화기 관리, 각종 홍보용 디스플레이 관리, PC 배치 관련 각종 전선 관리 등을 하는 경우가 있다. 심지어는 학교 정전으로 인해 네트워크에 문제가 생기면 통신회사 A/S 담당자처럼 책상의 파티션을 분리하며 문제가 되는 선을 찾는 작업을 하기도 한다. 학교의 시설 관리에 해당할 만한 일을 수업하는 교사가 담당하고 있다. 정보부 업무를 담당하며 각종 장비나 시설물 관련 지식을 쌓아 가는 동료 교사들을 보면, 교사 모습보다 기술자의 모습이 더 진해지는 것 같아 안타까울 때가 있다.

앞의 글에서 언급한 정보부의 여러 이야기 중 다수는 교사 양성 과정에서 배운 적도 없고, 임용시험에서도 다루지 않는 내용이다. 이런 이야기를 전혀 모르는 교사도 교사로서의 역할을 수행하는 데 전혀 문제가 없다. 이는 정보부의 여러 일이 수업에 집중해야 할 교사의 일이 아님을 보여 주는 단적인 예이다. 정보부 소속 교사들이 수업을 준비하는 교사로서 테크놀로지 자체에 대해 고민을 하는 것이 아니라, 이를 수업에 적용하는 방안에 더 집중하고 연구할 수 있도록 업무 분장을 조정해야 할 필요가 느껴진다. 현재의 정보부가 학교의 시설 관리에서 벗어나 수업과 관련된 테크놀로지를 연구한다는 의미를 담아 에듀테크(EduTech)부로 거듭나길 상상해 본다.

학교의 테크놀로지는 수업과 교육활동에 대한 상상력을 확장시켜 더 다양한 도전과 실천이 가능해지도록 돕는 도구라고 생각해요. 테크놀로지를 반드시 '사용해야만 한다'라는 관점이 아니라, 원하면 누구나 '사용할 수 있다'라는 관점을 가져야 하는 것이죠. 그리고 수업에 집중해야 할 교사가 어디까지 짊어지고 가야 할지에 대한 고민도 함께 필요한 것 같아요.

—김○○ 정보부 교사

2

미래학교의
공간 환경

〈 〈《〈《〈

우리는 흔히 학교교육이라고 할 때 교육과정, 교수 · 학습 활동 등
의 소프트웨어를 떠올린다. 물론 이런 것들이 교육의 핵심이기는 하
지만, 이러한 소프트웨어가 잘 작동하기 위해서는 시설, 조직, 예산과
같은 하드웨어적 요소를 잘 갖추는 것도 중요하다.

2014년 서울미래학교 준비 과정에서부터 학교 개설에 참여한 교
원들은 시설 · 환경과 같은 하드웨어적 요소가 교육과정의 변화를 잘
담아낼 수 있어야 한다고 생각했다. 그래서 획일적인 구조를 가진 기
존의 학교 건물을 미래역량을 키우기에 적합한 시설로 바꾸어서 전
면 개축 수준의 학교 리모델링을 이루어 냈다. 그 과정에서 우리는
공간 혁신, 시설 · 환경 개선 등이 학생들의 삶에서부터 교사 문화에

이르기까지 어떠한 영향을 끼치는지를 직접 경험했다.

미래학교 공간 혁신의 철학

창덕여중은 2014년 상반기에 서울미래학교로 지정되었다. 하지만 학교 시설은 미래학교의 이미지와는 전혀 어울리지 않는 1970년대 건물이었고, 많이 노후된 상태였다. 시설·환경 개선이 당장 시급했지만, 단지 시설 현대화에 머물지 않고 미래형 교육과정의 실행을 위한 공간으로 변모시키자는 데 구성원의 마음이 모아졌다. 창덕여중의 공간 혁신은 단지 시설 보수가 아니라 미래학교 구성원의 교육철학 구현의 과정이었다.

초창기부터 공간 구성의 철학을 견고히 했기에 수년간에 걸쳐 공사를 진행하는 동안 설계자나 공사 담당자가 계속 바뀌었어도 (공공기관의 특성상 예산을 한 번에 모두 확보할 수 없어 예산 상황에 따라 공사가 나누어진다.) 공간 구성과 시설 개선이 일관성을 지닐 수 있었다. 학교교육에서 공간 구성의 중요성을 일깨운 결과, 서울특별시교육청의 학교 공간 재구조화에 시사점을 주었고, 교육부의 학교 공간 혁신의 표본 사례가 되는 성과를 거두었다.

첫째, 학교 공간은 학생들의 삶을 중심에 둔다.
가장 기본적인 철학은 학교 공간은 학생들의 삶을 그 중심에 두어야 한다는 것이었다. 당연한 얘기 같지만 그동안 학교는 교수자 중심의 공간 구성이었던 것이 사실이다. 이제 학교는 학생들의 삶이 총체적으로 어우러져 미래역량을 키우는 잠재적 교육과정이 작동하는 곳이어야 한다. 공간 개념을 구성할 때 처음부터 학생들의 삶을 중심에 두었고, 다음과 같은 공간 개념 구성도가 탄생했다.

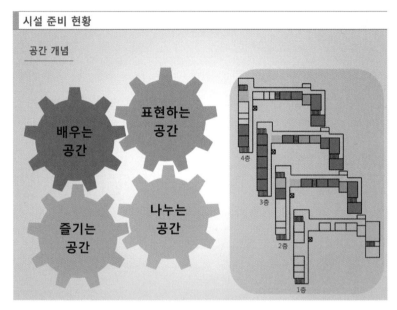

미래학교의 공간 개념 구성도

2015년 3월 20일의 학부모총회 설명 자료의 서두 부분을 발췌하여 소개하고자 한다. 미래학교 초기부터 어떠한 관점을 가지고 구축해 왔는지를 엿볼 수 있다.

미래학교에서는 학생의 삶을 중심으로 공간을 4가지로 구분합니다.
첫 번째, 배우는 공간으로서 학급 교실, 교과 교실이 해당됩니다.
두 번째, 표현하는 공간은 연극을 위한 소극장, 토론·녹화·방송
이 가능한 스튜디오, 명상 및 회의를 위한 좌식 온돌방 등입니다.
세 번째, 나누는 공간은 홈베이스·미디어 스페이스·도서관 등
으로, 대화와 토론을 하면서 학생 간 배움이 자연스럽게 이루어지
는 공간이 필요하다고 생각합니다.
네 번째, 즐기는 공간은 중앙홀을 미디어월과 레고월로 구성하여,
학생들이 스스로 만든 콘텐츠를 전시하고 즐기도록 하겠습니다.

둘째, 외부 전문가는 스스로 돕는 자를 돕는다.

　두 번째 철학은 모든 공간 혁신과 시설 개선의 주체는 교사라는
것이었다. 학교에서 시설·환경은 행정적인 분야로 간주되기 쉽다.
그러나 창덕여중에서는 오히려 교사의 몫으로 생각하고, 어떻게 하
면 정형적인 학교 공간이 교육적으로 활용도를 높일 수 있는 공간으
로 탈바꿈할 수 있을 것인가를 고민했다. 그러한 고민을 토대로 설계

자나 건축가 등의 외부 전문가가 학교의 의도대로 설계하고 공사하도록 이끌었다.

이를 위해 많은 전문가를 만났다. 건축, 전기, 통신, 디자인, 인테리어, 공사, 방송, 기자재, 가구 등 수많은 전문가들의 도움과 조언이 아니었으면 지금의 창덕여중이 가능하지 않았을 것이다. 처음에는 외부인으로 오지만 회의와 공사를 진행하면서 계속 소통하다 보니 외부 전문가 역시 교사와 학부모의 마음이 되어 갔고, 학교와 함께 학생의 안전을 고민하고 부족한 시간과 예산 범위에서 차선의 방법을 함께 찾아가는 소중한 경험을 했다.

처음 전문가를 만나면 대화의 용어부터 낯설다. 교사와 학생들의 의견을 수렴해 전달하려고 해도 전문 용어를 모르니 소통이 어려웠다. 우리가 별말을 하지 않아도 전문가가 학교의 요구 사항을 알아채고 좋은 시안을 찾아오면 좋을 텐데, 현실은 그렇지 못했다. 학교의 의견과 입장을 정확하게 전달하려면 우선 내부 구성원의 소통이 많아야 하고, 소통의 결과가 잘 정리되어야 했다. 또 교육적인 언어를 전문가의 언어로 바꾸어 주는 것도 필요하다. 외부 전문가가 도와줄 수 없는 부분이었다. 내부 구성원을 전문가로 만들어야 하는 이유이다.

외부 전문가와 하는 회의에 교직원이 적극 참여하는 것은 물론이고, 희망자를 중심으로 구성한 환경 구축 TF도 운영했다. TF 운영에 참여한 위원들은 단순한 내부자에서 시작하여 전문가와 소통이 가능한 준전문가 수준으로 성장했다.

모든 공간이 이러한 '교사의 전문가 되기'와 '외부 전문가를 우리가 리드하기' 과정을 거쳤는데, 특히나 그중 대표적인 것이 누리방이다. 기존의 컴퓨터실을 확장된 개념의 IT 교실로 바꾸어 온 세상을 뜻하는 '누리방'이라고 이름 지었다. 모든 교실에서 태블릿PC 사용이 가능해지면서 고정된 컴퓨터실이 필요 없어졌다. 이 교실은 현재는 주로 수학 수업이 이루어지나, 일반 수업, 국제 화상 교류, 원탁회의 등 다양한 용도로 쓰이고 있다.

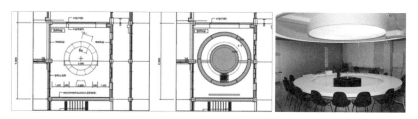

누리방의 아이디어 스케치, 설계도, 현재의 모습

셋째, 소통은 성공으로 가는 가장 확실한 길이다.

또 하나의 철학은 소통과 공유가 공간 구성과 시설 개선, 그리고 그를 이용한 교육활동의 성패를 가름하는 열쇠라는 것이다. 환경 구축 TF에 참여한 교사들은 단순한 내부자에서 설계자 수준으로 성장한 '교사의 전문가 되기' 과정을 거쳤다. TF위원뿐만 아니라 직접 학생들을 교육하는 교사들이 학교의 상황을 잘 알아야 하기 때문에 학교장은 수시로 교직원과 소통하기 위해 노력했다.

2015년 8월 17일 개학일에 학교장이 교직원에게 보낸 편지의 내용을 보면, 교직원에게 시설·환경 개선에 대한 계획을 안내하고, 시설 개선 및 활용에 대한 비전을 공유하고 있다. 창덕여중 공간은 구성원이 '함께 만들어 가는 공간'이 되어야 하기 때문이다. 편지의 일부를 소개한다.

학급 교실로 사용하고 있는 각 교실을 '교과 교실답게 꾸미는' 프로젝트가 2학기에 진행됩니다. 물론 이 프로젝트는 우리 교직원이 주체입니다. 어떤 수업을 하고 싶은지에 따라서 교실마다 디자인이 다른 책걸상을 구입하거나 주문할 수 있습니다. 교과별 또는 교실별 색다른 환경을 구축할 수 있을 겁니다. 이에 대한 적극적인 관심과 '함께하는 공부'를 기대해 봅니다.

시설과 관련해서 꼭 부탁 드리고 싶은 말씀이 있습니다. 지금까지 학교 시설은 '그저 주어지는 공간'이었습니다. 불편해도 참아야 하는 공간이 아니라, 미래학교 공간은 구성원이 '함께 만들어 가는 공간'이 되어야 합니다. 매일 사용하는 공간에 대해서 관심을 가지고, 서로 이야기해 보고, 책과 전문가의 도움을 받아 공부하고, 필요한 경우 직접 디자인할 수도 있습니다. 심미안이 부족해도 학생과 내가 어떻게 공간을 사용하고 있는지, 혹은 사용하고 싶은지에 대한 관심이면 충분합니다.

2학기에는 학교 공간에 대한 아름다운 꿈을 함께 꾸고 이야기 나누는 기회를 자주 가졌으면 좋겠습니다.

학생들과도 자주 소통하였다. 2015년 3월에 있었던 '학교장과 학생과의 대화' 결과를 소개한다.

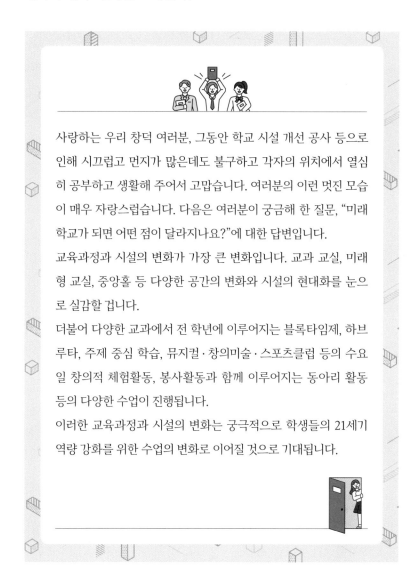

사랑하는 우리 창덕 여러분, 그동안 학교 시설 개선 공사 등으로 인해 시끄럽고 먼지가 많은데도 불구하고 각자의 위치에서 열심히 공부하고 생활해 주어서 고맙습니다. 여러분의 이런 멋진 모습이 매우 자랑스럽습니다. 다음은 여러분이 궁금해 한 질문, "미래학교가 되면 어떤 점이 달라지나요?"에 대한 답변입니다.

교육과정과 시설의 변화가 가장 큰 변화입니다. 교과 교실, 미래형 교실, 중앙홀 등 다양한 공간의 변화와 시설의 현대화를 눈으로 실감할 겁니다.

더불어 다양한 교과에서 전 학년에 이루어지는 블록타임제, 하브루타, 주제 중심 학습, 뮤지컬·창의미술·스포츠클럽 등의 수요일 창의적 체험활동, 봉사활동과 함께 이루어지는 동아리 활동 등의 다양한 수업이 진행됩니다.

이러한 교육과정과 시설의 변화는 궁극적으로 학생들의 21세기 역량 강화를 위한 수업의 변화로 이어질 것으로 기대됩니다.

방학 동안 교내외 정비를 하였습니다. 외부 유리창을 물청소하고, 타일 바닥도 청소하였습니다. 학생 사물함을 소독하고, 경첩도 수리하였습니다. 국토발전전시관 쪽 담장 보수는 상당 부분 진행되었고, 정동길로 향한 개방성을 높이고자 인근 화단 식재를 낮은 관목으로 바꿀 예정입니다. 본관동 설치업체에서 홍보 촬영을 위해 무상으로 독서본부 옥상에 에코쿨루프를 설치해 주었습니다. 잠시 서 있기에도 힘든 환경에서 수고한 직원과 외부 관계자에게 감사한 마음입니다. 이렇게 상세히 알려 드리는 이유는 '학교 시설은 우리 모두의 것이고, 더 많은 사람이 알아야 잘 사용할 수 있다.'고 믿기 때문입니다.

2018년 8월 16일 교직원과 학부모에게 보낸 편지 중 일부이다. 학부모와도 학교의 변화 방향을 공유하고 의견을 듣고자 노력했다.

앞에서 소개한 바와 같이 학부모 설명회 때마다 학교 공간 구성의 취지를 설명하고 의견을 들었다. 주로 방학 기간을 이용하려 했으나 불가피하게 학기가 시작되어도 공사를 마치지 못하는 상황도 생겼다. 그때는 공사의 목적을 공유함으로써 학생과 학부모도 '그동안 공사 과정을 견뎌 낸 보람이 있구나.' 하는 생각을 갖게 했고, 더 잘 활용할 수 있게 하였다.

미래학교 공간 구성의 특징

2015년 3월 5일, 미래학교 추진 현황을 살펴보기 위해 교육청에서 부교육감이 방문했다. 이때 만든 자료에서 초창기 미래학교 시설·환경 개선의 방향을 잘 알 수 있다.

시기	목표	주요 내용
1단계 (2015.1.9. ~3.1)	과거에서 현재로	텍스, 바닥, 전등 철거 및 교체 붙박이 사물함 설치(900mm 높이) 벽체 및 창호 페인트, 교실 현관문 교체 화장실 세면대 및 거울 교체, 무선 AP 설치(교실별) 강당 바닥 및 페인트(학교 자체 예산)
2단계 (2015.3.2. ~3.31)	현재에서 미래로	미래형 교실(소극장, 스튜디오, 온돌방) 공사 홈베이스 및 미디어실 공사 중앙홀(미디어월, 레고월) 공사 과학실 공사, 음악실 보관장 추가
3단계 (2015.4.1.~)	하드웨어에서 소프트웨어로	특별교실 활용 방안 마련(3월 중 협의) 홈베이스/미디어실 활용(3월 중 학생 의견 수렴) 교과교실별 기자재 및 가구 구입(3월 중 연구) 교과교실별 다양한 수업 방안 연구(3월부터 연구)

미래학교 공간 개선 단계

이러한 방향에서 출발한 창덕여중 공간 혁신의 특징은 크게 3가지로 정리해 볼 수 있다. 그러나 이것은 미래학교만의 특징이 아니라, 앞으로 학교 환경을 개선하고자 하는 모든 학교가 유념해야 할 사항이라고 생각한다.

첫째, 개방적이고 자유롭고 유연하게 학생들이 사용할 수 있는 공간이다.

학교 공간은 학생들이 하루 중 가장 오래 머무는 공간이다. 학생들의 사고를 자유롭고 유연하게 하려면 물리적인 공간도 유연해야 한다. 현재 창덕여중의 공간은 단일 목적으로만 사용하는 공간이 없거니와 고정된 책걸상을 가진 공간도 거의 없다. 유일하게 붙박이 의자가 있는 누리방도 수업, 원탁회의, 화상 교류 등의 다양한 용도로 쓰이고 있다.

둘째, 학교 공간과 시설은 모든 측면에서 조화를 이루고 있다.

창덕여중의 시설을 하나하나 살펴보면 사소한 것에서부터 전체적인 면까지 조화를 찾을 수 있다. 각 공간 내에서의 바닥과 천정의 조화, 낡은 계단을 보완하는 현대적 감각의 난간과의 조화, 각 층별로 색상을 달리하면서도 한 층 내에서는 모든 시설과 가구의 색상까지 일관된 색상 배치로 생긴 변화와 통일의 조화, 중앙현관이 보여 주는 디지털 세계(모니터월)와 아날로그 세계(레고월)의 조화, 심지어는 학교 주변 건물과 조화를 이루기 위한 본관 외벽의 붉은 테라코타 벽까지. 이 모든 것이 각각 별개로 놀지 않도록 전통과 혁신, 통일과 변화의 조화를 이루기 위한 고민에서 탄생한 것이다. 이러한 조화가 학교 공간을 머물고 싶은 아름다운 공간으로 만들 뿐 아니라, 학생들의 심미성을 일깨우는 잠재적 교육 요소로서 작용한다고 본다.

셋째, 유지관리가 용이하도록 설계와 공사가 이루어졌다.

학교는 계속해서 구성원이 바뀌는 곳이다. 또한 어떠한 공간을 청결하게 유지하는 데 지속적인 예산이 든다. 학교 공간이 멋있더라도 일관성 있게 유지관리하기 어렵다면 공간 혁신의 노력은 빛이 바랠 수밖에 없다. 유지관리 측면에서 대표적인 우수사례로는 건물 외벽을 들 수 있다. CRC보드와 대리석 뿜칠로 외벽을 보수함으로써 쉽게 낡거나 색이 바래는 페인트 벽의 단점을 없애고, 시간이 지나도 청결함과 견고함이 유지될 수 있게 하였다. 교실 앞면의 붙박이장 처리, 옆면의 화이트보드 처리 등은 교실의 더럽혀지기 쉬운 공간을 수납과 교육 공간으로 바꾸어 늘 청결함이 유지되고 있다. 이 밖에도 복도 천장의 인입선 박스의 사각형 처리, 복도 창틀의 자석바 처리 등 작은 아이디어가 학교 공간을 청결하게 해 주는 큰 역할을 하고 있다. 이 모든 아이디어가 교사와의 소통을 통한 발상에서 나온 것이기에 더욱 의미가 있다.

이러한 특징을 공사 초창기부터 명시적으로 설정하고 시작한 것은 아니었다. 학생들의 바람직한 성장에 목적을 두면서도 공공기관으로서 국가 예산을 잘 쓰기 위한 고민의 결과이다. 구성원이 자주 바뀌는 학교라는 공간의 특성을 고려할 때, 이러한 철학과 노력은 모든 학교에서 시설 개선의 출발점으로 삼아야 하지 않을까.

미래학교 공간의 키워드
— 배움, 표현, 나눔, 즐거움

배우는 공간 : 일반 교실

1단계 공사에서 배움의 공간인 교실 바닥 및 전등을 바꾸고 사물함을 교체했다. 특히 사물함은 학생들의 의견을 적극 반영하여 크기를 대폭 수정했다. 일반 교실은 학생들이 가장 많은 시간을 생활하는

배우는 공간인 학급 교실 후면 사물함

공간으로, 학급 교실 또는 교과 교실로 활용된다. 여러 해에 걸쳐 공사가 이루어졌지만 조화로움을 잃지 않고자 애썼다. 학생과 교과 교사의 의견을 최대한 반영하면서도 모든 교실을 다른 교과 교실로도 활용 가능하도록 범용성을 기반에 두었기 때문에, 학생들은 각 교실에서 특수성과 통일성을 동시에 느낄 수 있다. 모든 교실의 출입문에는 번호형 자물쇠가 달려 있다. 사소한 장치이지만 열쇠형 자물쇠는 관리가 번거롭다. 학교의 주인이 자유롭게 자신의 공간에 드나들 수 있게 해 주는, 서로에 대한 신뢰를 상징하는 장치라 할 수 있다.

표현하는 공간 : 미래형 교실

미래학교의 특징적인 공간에 대한 의견을 모아 표현하는 공간이 탄생했다. 미래형 교실의 특징은 기존 교실과 같은 칠판이나 책상이

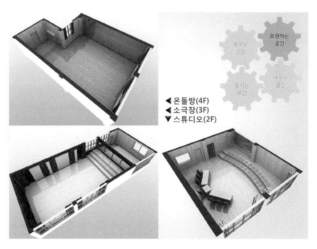

표현하는 공간 미래형 교실 구성도

없다는 것이다. 학생들이 자유롭게 활동하고, 토론하고, 명상하고, 회의할 수 있다.

온돌방은 좌식형 마루바닥에서 사색과 명상, 자유로운 회의 등을 할 수 있다. 한편은 거울이 있어서 무용 수업도 가능하다. 소극장은 교실 1.5배 크기로 연극, 뮤지컬 수업, 영화 감상 및 학생 전체 토론회 등 다양한 활동이 가능하다. 스튜디오에서는 토론 수업 및 수업 촬영이 가능하고, 학생회장 입후보자의 소견 발표를 직접 방청하거나 교내로 방송할 수 있다.

미래형 교실을 통하여 학생들은 수동적인 학습자에서 말하고 표현하고 체험하는 적극적인 학습자로 거듭나게 될 것으로 기대한다.

현재의 미래형 교실 모습 : 온돌방, 소극장, 스튜디오

나누는 공간 : 각 층 홈베이스와 미디어 스페이스

다음의 미래형 공간으로는 나눔의 공간인 홈베이스와 미디어 스페이스가 있다. 각 층의 홈베이스는 기존의 교실벽을 터서 학생 사물함이 있던 공간에 온돌마루를 깔고 책장을 배치했다. 학생들은 자유롭게 온돌마루에 앉아서 책장에 꽂힌 책을 읽고 토론하며 쉴 수 있다. 각 층 홈베이스는 2층은 인성마루, 3층은 상상마루, 4층은 사랑

나누는 공간 현재의 모습 : 홈베이스, 미디어 스페이스(정보방)

마루이다. 2층(누리방)과 4층(정보방)의 미디어 스페이스는 학생들
이 자유롭게 사용하는 컴퓨터를 배치하여 수업 외 시간에 자료 검색
등에 활용하고, 방과 후에 숙제도 하고 소규모 학습동아리 활동도 할
수 있다. 또한 벽면이 무빙월(moving wall)로 되어 있어 유리문을 열
면 홈베이스와 연결되어 소규모 공연도 가능하다. 이곳은 다양한 활
용성을 자랑하는 특징적인 공간이 되었다.

즐기는 공간 : 중앙현관

또 하나 미래형 공간은 중앙홀이다. 일반 학교의 중앙현관으로 불
리는 공간인데, 창덕여중의 중앙홀은 미래학교의 철학을 가장 잘 보
여 주는 공간이기도 하다. 9개의 모니터로 구성된 대형 미디어월을
통해 학생들이 만든 다양한 콘텐츠를 전시하고, 맞은편 벽은 레고월
로 꾸며 디지털과 아날로그의 조화를 나타내고 있다. 학생들이 원하
면 레고월을 다른 모양으로 바꿀 수 있고, 손으로 만지면서 즐길 수
있는 것이 큰 장점이다.

미래학교의 중앙홀은 손님 맞이 공간이거나 박제된 전시 공간이

즐기는 공간인 미래학교의 중앙홀

아니라 학생들이 놀면서 배우는 새로운 학습 공간이다. 이러한 특징은 학교 공간의 주인이 학생이라는 미래학교의 철학과 맞닿아 있다.

아무리 구성원이 생각을 모아도 교사는 시설 분야 비전문가이기 때문에 놓치는 부분이 생긴다. 사소한 것처럼 보이지만 놓치면 공사 완성도가 떨어지고, 공사 후에 불편함이 생긴다. 공사를 준비하는 학교가 놓치기 쉬운 것들을 적어 보았다.

◆ 통신선의 위치
◆ 전기 스위치 회로 분리(의자 배열, 칠판 및 창문 위치, 채광 등) 및 스위치 위치
◆ 커튼박스(롤스크린 위치)
◆ 하단 처리(일명 걸레받이) 방식 : 위에 덧붙이는 방식 혹은 하단을 파는 방식
◆ 기둥과 보의 위치(AP포인트, 냉난방기 위치에 영향을 줌)
◆ 냉난방기 위치 및 방식(열감지기 위치, 소화기 위치 등)
◆ 색상 통일(색상환을 지정해 두고 가구, 페인트, 인테리어 자재 등에 적용)
◆ 학사일정과 공사 적정 시기 및 총 소요 기간을 동시에 고려해야 함.

미래학교 시설 공사에 대한 팩트 체크

2019년 한 해 동안만 국내외의 150여 학교와 기관에서 2천 명이 넘는 방문객이 창덕여중을 다녀갔다. 앞에서 언급한 것처럼 서울특별시교육청의 학교 공간 재구조화 및 교육부의 학교 공간 혁신 사업에도 시사점을 주었다.

그런데 공간 혁신을 성공적으로 잘한 탓인지 '예산을 많이 쓴 학교'라는 이야기를 종종 듣곤 한다. 팩트 체크를 해 보자면 3개년에 걸쳐 49억 원을 사용했다. 폐교까지 거론되던 학교라 그동안 시설·환경 개선이 거의 이루어지지 않은 상태였고, 석면 제거, 마룻바닥 교체, LED 교체 등 시설 현대화 사업이 시급했다. 매우 기본적인 시설 보수 공사에 29억 원 정도가 들었다. 미래학교 교육과정에 어울리는 참신한 공간과 태블릿 등 테크놀로지를 갖추는 데 사용한 예산은 약 20억 원이다. 이 금액도 적은 것은 아니지만, 소문으로 나돌던 액수 (200억?)의 10% 정도이다. 비교적 덜 낡은 학교를 미래학교로 시설 개선한다면 20억 원 정도면 충분하다는 계산이 나온다. 초창기 미래학교의 시행착오를 줄이고 기자재 보급모델이 대중화된 것을 감안하면 이보다 적은 예산으로도 유사한 환경을 구축할 수 있다고 본다.

2019년 서울특별시교육청이 혁신미래학교로의 확대 계획을 수립할 때도 창덕여중의 시설·환경 예산 사용 내역이 중요 참고 자료가 되었다. 다음은 창덕여중의 미래학교 시설 공사 사용 예산 내역과 회의 자료이다. 표 안의 숫자만으로 공간 혁신을 설명하기에는 무리가 있지만 공간 혁신을 추진하는 많은 학교들이 창덕여중의 사례를 발판 삼아 시행착오를 줄이고 보다 성공적인 변화를 만들어 가기를 바란다.

단위 : 억 원

완공 시기	공사 내용	지원 예산 총액		미래학교 관련 예산	
		공사비	기자재 및 가구 구입비	금액	세부 내역
2015. 4월	노후 시설 개선 + 미래형 교실	19	–	6	미래형 교실(3억) 홈베이스(3억)
2016. 봄	내부 시설 개선	2	3	5	인테리어, 백페인트 글라스 게시판 등
2016. 여름	노후 시설 개선	16	–	–	외벽 공사 및 창호 교체
2016. 중간	교실 환경 개선	4	5	9	누리방, 먹방, 공방, 역사공간
소계		41	8	20	교육부 지원 총액 49억 원 미래학교 관련 약 20억 원 사용

미래학교 공사 추진 개요와 예산 사용 내역

2015. 7. 13. (월) 인테리어 디자인 시안 검토

- 세미나실 뒤편 : 벽면에 거울 시공, 악기 보관 및 시건 필요, 악기를 바닥에서 밀기 때문에 위쪽 고정형이 유리
- 픽토그램 : 기술가정실-앞치마, 미술실-팔레트 구멍수 3개로
- 중관동 복도 천장 인테리어, 홈베이스 게시판

2015. 7. 29. (수) 교과 교실 관련 회의

- 의자 : 높이 조정 필요
- 교과 교실답게 : 게시물 부착, 현관문 또는 복도를 이용한 '수학

존' 인식.

- 수준별 학급 편성(T자형)은 효과가 좋음.

2015. 7. 30. (목) 교과 교실 관련 회의

- 교실 배치도 : 3층에 2학년 4개 학급 배치되어 있으며, 수학/국어/과학 교과존이 있음.
- 2-3 교실만의 특색 : 천정형 에어컨, 사물함 연장 설치(이전에 홈베이스 교실이었음).
- 2-3 교실이 2학년 학급의 중심이 되고, 홈베이스가 내다보임.

2015. 8. 13. (목) 강당 보강 공사 설계안 및 공사 시기 관련

- 참석자 : 중부청 주무관, 공사소장, 행정실장, 교감, 교무부장, 연구부장, 체육부장
- (공사측)농구 골대 뒤편 유리창 일부 보강 및 롤스크린 설치 포함 가능. 기초 보강 공사와 천장 보수 공사를 동시에 진행하는 것이 어렵고, 석면 철거 공사도 있어서 공사 기간이 최소 2달 소요될 것. 동절기 공사 시 향후 하자 발생이 우려됨.
- (학교)교육활동(체육 수업, 각종 행사 등), 공사 기간 학생 안전(수선정원, 급식실 등)을 고려할 때 9~10월 공사에 반대하는 입장임.

2015. 9. 2. (수) 창호 및 외관 공사 설계자 면담

- 콘셉트와 디자인의 연계성 부족, 창호 디자인 필요, 창호 디자인

과 외벽 디자인, 재료에 대한 조화 필요

2015. 9. 24. (목) 창호 및 외벽 설계안 2차 협의

- 참석 : 설계사 대표, 행정실장, 본청과 중부청 주무관
- 창호 디자인 : (예산이 부족하다면) 본관 정면이라도 창호 디자인 필요
- 외벽 디자인 또는 재료 : 아연 또는 붉은 벽돌 검토 중. 창을 가리는 디자인은 자제

2015. 9. 30. (수) 공모안 발표(5개 교과군), 전체 교직원 회의

- 과학 · 기술 · 가정 : 3D 프린터를 활용한 스팀 수업
- 도덕 · 사회 · 진로 : 교과연계 진로통합수업(633 프로그램 차원)
- 수학 : 교과 교실 환경 구축(편안한 교실, 생각하는 교실, 즐기는 교실)
- 영어 : 교과 교실 환경 구축(신수중, 외국인학교 견학 등)
- 국어 : 스튜디오 및 다양한 공간을 활용한 수업 방안

2015. 10. 2. (금) 창호 및 외벽 디자인 설계안 검토

- 참석 : 교감, 행정실장, 연구부장, 미래부장, 수석교사, 설계기관 관계자
- 창호 디자인 : 2-2-1(가운데 기준 대칭안)으로 하되 양적 기준, 예산 기준(1, 2, 3구역 가능한지), 안전 기준(안전바 미설치 여부)

등 검토

- 외벽 디자인 : 최소화(예산 및 선호도 문제), 테라스 입면, 계단실 외부 입면 재료 선택해야
- 단열 외부 마감재 : 창호 하단까지 동일한 재료로 마감해야(예산 및 디자인)

2015. 10. 29. (목) 창호 및 외벽 설계안 검토

- 참석 : 설계 담당자, 중부청 주무관 등
- 외벽 재료 : 베란다 단면 마감재를 스타코로 할 경우 계단실을 테라코타(가격 비쌈)로 할 수 있으나, 베란다 단면 마감재를 노출콘크리트 CRC 판넬로 할 경우 계단실은 적벽돌 단열 판넬로 조정 필요
- 창호 : 식당은 청결 유지를 위한 청소를 위해 모두 프로젝트 창호로 하고, 1층 및 교무실 창호에는 방충망 설치

2015. 11. 5. (목) 외부 설계안 협의

- 주건물 외부 마감재는 스타코, CRC 패널(베란다 단면)
- 계단실/화장실 매스는 적벽돌과 테라코타, 쌓는 방식에 대한 디자인안 추후 제안
- 방수 공사는 A동과 C동에 젤방식(우레탄방식이 아닌)을 우선적으로 검토

공간이 교사와 학생에게 가져다준 믿음

공간이 교사에게 준 믿음

창덕여중의 일반 교실은 가장 여러 차례 공사가 들어간 곳이다. 2012년 교과교실제 공사로 칠판이 바뀌었고, 2015년 바닥의 마루와 사물함, 복도 쪽 창호와 출입문이 바뀌었다. 2016년에는 복도 쪽 벽에 화이트보드가 생기고, 책상과 의자가 바뀌었으며, 그후 외부 창호가 바뀌었다. 그 사이사이에 조립형 책장, 자석띠 등도 생겼다. 하지만 그 모든 공사에서 조화를 고려했기 때문에 교실은 일관된 분위기를 갖고 있다.

이와 같은 일련의 공사에서 중요한 건 조화뿐이 아니었다. 바로 학교 구성원의 참여가 더욱 중요했다. 사물함 공사를 시작할 때는 학생들에게 원하는 크기, 색상 등을 설문으로 물었고, 책상과 의자를 바꿀 때도 학생들이 원하는 것은 무엇인지 끊임없이 협의했다. 교사들은 책상 하나를 정할 때도 '높낮이를 바꿀 수 없어도 괜찮은가?', '서랍이 없어도 괜찮은가?', '앞가림판이 번거로운 상황은 혹시 없을까?', '바퀴는 몇 개여야 할까?', '직사각형과 사다리꼴 중 무엇이 우리 교과에 더 적합할까?', '크기는 어느 정도가 적합할까?' 등 회의에 회의를 이어 갔다. 이야기를 나눌수록 악마는 디테일에 숨어 있었다. 이 논의를 진행한 교사가 학교를 떠난 후 다른 교사가 부임해 와도 이 교실을 잘 사용할 수 있을지까지 고민하다 보면, 쉬운 결정은 하나도 없었다.

공간은 결국 만들어졌다. 공간 구석구석 고민하지 않은 데가 단 한 곳도 없다. 누군가 물었다. 그 과정이 힘들지 않았느냐고. 하지만 이렇게 대답할 수 있었다. 힘들긴 했지만 내 것이라는 생각이 확실히 든다고. 학교에서 구성원으로서 성취감과 주인의식을 갖는 경험은 그리 자주 가질 수 있는 일이 아니다. 학교가 구성원을 믿어 주었기 때문에 가능한 일이었다.

공간이 학생에게 준 믿음

학교의 주인은 학생이다. 학생들이 공간을 사용할 때 주인으로 성장할 수 있게 해 주어야 한다. 미래학교에서는 공간도 학생들을 성장시키는 선생님이 된다.

중앙현관 레고월 아래에 있는 수납장에는 레고 블록이 가득 담겨 있는데, 누구나 꺼낼 수 있다. 사랑마루 서가에는 보드게임이 있는데, 누구나 아무 때고 보드게임을 즐길 수 있다. 체육 창고는 아침, 점심시간, 방과 후에 항상 열려 있어서 누구나 공을 꺼내 자유롭게 운동을 할 수 있다. 정보방과 나눔방에 있는 40여 대의 PC는 원할 때에 누구나 사용할 수 있다.

학생들이 공간을 함부로 사용하거나 물품을 잃어버릴까 걱정을 앞세워 잠가 놓지 않는다. 단지 열어 주고, 잘 사용하도록 교육한다. 이것은 물론 여학교이고, 소규모 학교라서 가능한 일일 수 있다. 하지만 조금 생각해 보면, 모든 학생들이 배워야 한다. 공용 물품은 소중히 여겨야 하는 것이라고. 물론 창덕여중에서도 컴퓨터가 고장 나거나 배구공이 화단에서 발견되는 경우가 있다. 하지만 미래학교의 학생들은 공간이 안겨 주는 주인의식을, 학교가 보내는 신뢰를 느낀다. 그 신뢰 속에서 주체적인 민주시민으로 성장한다.

교사들이 말하는 공간과
테크놀로지 이야기

창덕여중의 교육활동은 다양한 공간과 기자재의 지원을 받는다.
교사와 학생들은 이 지원 속에서 자유롭게 생활하고 성장하고 있다.
2장에서 대담에 참여했던 사람들과 공간에 대한 대담을 이어 갔다.

이화성 : 전 교장(2014~2018)
전명재 : 전 창덕여중 교사(2015~2019)
이은상 : 창덕여중 교사(2015~)
김동건 : 창덕여중 교사(2017~)
이은주 : 창덕여중 교사(2018~)

이은상 : 이번에는 공간에 대해 이야기해 보겠습니다. 창덕여중의

공간은 다른 학교와 무엇이 다르다고 생각하시나요?

이은주 : 물리적으로 다양한 공간이 많은데, 그 공간들이 생각지도 못한 용도로 사용되는 모습을 많이 봤어요. 예를 들어, 2층 나눔방은 학생들이 자료 검색을 하는 컴퓨터 사용 공간이면서도, 교사들의 회의 공간이나 학생들에게 피드백을 주는 공간으로도 사용되죠. 또 유리벽을 열면 홈베이스까지 확장되어 전시나 공연을 할 수도 있어요. 그리고 교사와 학생들에게 주도권을 많이 줘요. 현재 있는 공간을 교사가 다르게 변형하고자 할 때 굉장히 허용적인 분위기죠. 교과교실제 예산으로 소파나 캠핑 에어베드 같은 것들을 구매할 수 있었는데, 물품 구매 품의를 올리면 그에 따른 타당한 교육적 의도가 있을 것이라는 교사에 대한 신뢰가 밑바탕에 있는 거죠. 이것들을 활용한 수업을 다른 교사들과 다시 공유하고, 이 아이디어가 여러 과목에 또다시 발산적으로 변형되어 적용되는 연속적인 효과가 발생해요. 게다가 학생들에게도 공간 활용에 대한 자율성과 권한을 주고 있어요.

전명재 : 창덕여중의 공간은 개방적이고 유연해요. 다양한 공간을 여러 사람들이 다채롭게 활용할 수 있었던 것은, 이 공간을 어떻게 하면 보다 많이 활용할 수 있을까 고민했고, 학생들과도 어떤 수업을 하면 좋을까 함께 고민했던 결과라고 생각해요. 나눔방이나 스튜디오 같은 곳도 수업 시간에 어떻게 사용할 수 있을지 의도적으

로 발상의 전환을 해 봤어요. 교사뿐 아니라 학생들도 함께 경험을 했고, 방과 후에도 다양하게 활용했던 것이 서로 상승작용을 하며 공간의 재발견으로 이어진 것 같아요. 공간의 개방성은 사고의 개방성과 유연함에서 오는 것 같아요.

김동건 : 이것 역시 허용적인 문화에 포함되는 것 같아요. 특정 시간에, 특정 목적으로 사용해야 한다는 것이 아닌 거죠. '아마 그럴 거야.'라는 지레짐작으로 컴퓨터실은 구석에 위치하고 잠겨 있는 경우가 많죠. '여기에서 수업해도 괜찮아.'라는 허용적인 분위기와, 작은 성공의 경험들이 여기에서도 똑같이 이루어지고 있죠.

이화성 : 원래 의도했던 부분도 있고, 의도한 것보다 훨씬 더 잘 사용되는 부분도 있어요. 스튜디오는 처음에는 방송국처럼 설계해서 단을 넣으려고 했는데, 단이 있으면 책상을 배치하기에 유연성이 떨어졌어요. 다른 공간을 벤치마킹해 오더라도 '교육 공간'이라는 점을 염두에 두고 공간을 구성하는 것이 도움이 될 것 같아요. 소극장도 좋은 방송장비를 넣으려고 부스를 설치하려다가 관둔 이유는, 교사가 학생들과 소통하며 수업할 수 없었기 때문이에요. 그 당시에는 음향은 학생이 다룰 수 없을 것이라 생각했고, 교사가 음향 부스에 들어가면 교사 역할을 할 수 없다고 생각했어요. 그리고 칸막이로 막아서 소규모 토론장으로도 사용할 수 있도록 단을 설치하지 않았어요. 2층 나눔방도 처음에는 폴딩도어를 설계했었는데,

시공하는 전문가가 보더니 학생들이 무거운 폴딩도어를 접다가 안전사고가 일어날 수 있다는 의견을 주셨어요. 그러면 안전하면서도 공간을 활용할 수 있는 것은 무엇인지 여쭤보니, 투명한 무빙월(moving wall)을 제안해 주셨어요. 이렇게 설계, 시공 전문가에게 학교의 교육적 의도를 알리고, 그들의 의견을 참고하는 것도 굉장히 중요한 것 같아요.

이은상 : 삶을 위한 공간이냐, 교육을 위한 공간이냐에 따라 설계 자체가 다르다는 것이 포인트인 것 같아요. 또 누가 설계의 주체가 되느냐도 영향을 주는데, 우리 학교는 공간 설계에 학교 구성원의 의견이 많이 반영이 된 것 같아요. 학교 수업을 설계할 때 도움이 되는 공간이 되어야 한다는 것에 중점을 둔 거죠.

전명재 : 초기에 공간 공사를 하기 위해서 정말 많은 이야기를 나눴어요. 2015년도 2학기 때 학교 내 교원 학습공동체 주제가 교과별로 학교 공간을 탐방하고, 그 공간을 어떻게 활용할 수 있을지에 대한 방안 탐구였어요. 그때 동 교과 교사들과 공간 활용에 대해 끊임없이 얘기했거든요. 지금 돌아보면 당시에 나온 이야기들이 많이 실현되었어요. 복도 벽에 학생 산출물을 전시하고 싶다는 의견이 있어 복도에 자석을 붙일 수 있는 바가 생기기도 했죠.

이은상 : 창덕여중의 공간은 소통이 만들어 낸 공간이라는 말씀을

많이 해 주셨습니다. 지금 많은 학교들이 테크놀로지 도입이나 공간 혁신을 시도하고 있는데, 그 학교에 도움이 될 만한 것은 무엇이 있을까요?

이화성 : 책에도 썼는데, 외부 전문가는 스스로 돕는 자를 돕는다고 말씀 드리고 싶어요. 경험에서 나오는 이야기인데, 외부 전문가는 우리 학교에 맞는 솔루션을 가지고 오지 않아요. 우리가 내부에서 끊임없이 소통하며 우리가 원하는 것이 무엇인지 명확하게 알고 있을 때, 외부 전문가에게 도움을 받을 수 있어요. 참여는 결과물의 질뿐 아니라, 그 이후의 활용성이나 선순환 구조를 만들어 내는 열쇠라고 생각해요.

김동건 : 원하는 바가 분명해야 하는 것 같아요. '내가 이것으로 무엇을 할 것인가?'라는 목표점이 먼저 정해져야, 그것을 실현하기 위해 가장 좋은 것을 선택하고, 실천이 가능한 것 같아요. 목적을 조금 더 구체적으로 정하려면 구성원의 충분한 회의가 필요하고, 전문가와의 만남에서 질문을 발견하는 것은 그다음이에요. 학교 공간을 변화시킬 때는 교육적 관점과 수업, 학생 생활이 고려되어야 해요.

전명재 : 행정과 교육은 굉장히 다르잖아요. 학교 안에서는 행정적인 측면과 교육적인 측면이 협업하고 소통해야 해요. 그렇지 않으면 교실 상황에 맞지 않는 일들이 다분히 일어날 수밖에 없어요. 그

래서 서로 협업하는 것이 중요해요. 또 어려운 일이 있을 때도 주변 사람에게 도움을 청하고 협업해야 한다고 생각해요.

이은상 : 역시 협업을 강조하시는군요. 그렇다면 이번에는 공간의 개념을 좁혀서 학교에서 활용하는 테크놀로지에 대해 이야기해 볼 게요. 많은 사람들이 미래학교를 테크놀로지와 연결지어 이야기하 는데, 미래학교에서 테크놀로지는 필수 요소라고 생각하시나요?

전명재 : 저는 국어과치고는 테크놀로지를 잘 다루는 편입니다. 창 덕여중에서는 테크놀로지를 활용한 수업을 얼마든지 할 수 있었어 요. 그렇지만 정말 꼭 필요하고 효과적이라고 생각될 때만 수업에 서 활용했어요. "그 학교는 테크놀로지를 사용하는 학교잖아."라는 말들을 들으면, 테크놀로지만이 전부는 아니라고 말하고 싶었어요. 테크놀로지라는 한마디로 창덕여중에서 하는 수업과 교육활동이 폄하되는 것 같아 속상하기도 했죠. 테크놀로지는 창덕여중을 표현 하는 다양한 키워드 중 하나이고, 우리의 수업과 교육활동을 보다 입체적으로 만들어 주는 도구라고 생각해요.

이화성 : 저는 생각이 바뀐 사람 중 하나예요. 처음에 창덕여중에 오지 않으려고 생각했던 두 가지 이유가 있어요. 첫째는 예산이 많 아서, 둘째는 테크놀로지를 못해서예요. 창덕여중은 '테크놀로지를 잘하는 사람들이 오는 학교 아닌가?'라는 오해를 했거든요. 처음에

는 디바이스를 받지 않았어요. 그런데 차츰 생각이 바뀌었던 건 테크놀로지가 시간과 공간의 제약을 없애 주고, 누적 데이터베이스를 만든다는 점이었어요. 테크놀로지는 교사의 업무를 줄이거나 효율화하는 것에 기여함으로써 실제로 우리가 더 집중해야 하는 것에 집중할 수 있게 해 주었어요. 테크놀로지의 '접근 가능성'이 문화를 바꾸기도 한다는 것도 느꼈고요. 공유 캘린더를 사용하고, 회의 문화를 바꾸고, 종이를 없애는 과정에서 테크놀로지가 굉장히 중요한 역할을 했고, 그것 없이는 힘들었을 것이라고 생각해요. 또 테크놀로지가 차갑게 보이지만, 구성원의 유대를 강하게 만드는 역할을 한다고 생각해요. 2016년 초기에는 공유 캘린더를 누군가 실수로 전부 지워 버리는 일이 많았거든요. 그럴 때 모든 구성원이 함께 사용할 수 있도록 서로 가르쳐 주는 모습을 보면서 오히려 테크놀로지를 통해 유대감을 느끼게 되었어요.

전명재 : 수업에서의 테크놀로지와 업무에서의 테크놀로지는 성격이 조금 다른 것 같아요. 창덕여중은 미래학교 초창기부터 테크놀로지에 대해 구성원이 함께 이야기하고 소통했던 것 같아요. 자발적으로 늦게까지 남아서 서로 가르치며 배웠어요. 테크놀로지라는 미지의 세계를 개척하기 위해 함께 공부하면서 우리의 문화를 형성했고, 여기에 테크놀로지가 일조한 것 같아요.

이은상 : 창덕여중을 테크놀로지 중심 학교로 포장하는 시각들 때

문에 애써 테크놀로지를 부정하려는 노력도 있었던 것 같아요. 물론 학교 구성원의 테크놀로지에 대한 관점이 바뀌는 데는 시간이 많이 필요했어요. 약 3년 정도 지나면서부터 테크놀로지를 자신의 수업과 평가, 업무 등에 자연스럽게 사용했던 것 같아요.

전명재 : 맞아요. 더불어서 우리가 테크놀로지를 어떻게 잘 활용할 수 있을까에 대한 고민도 점점 진화했던 것 같아요.

김동건 : 창덕여중은 테크놀로지 중심 학교라는 시선이 불편한 이유는, 테크놀로지만 보려는 흑백 논리 때문인 것 같아요. 원노트로 수업 공유를 한다고 하면 사람들은 온라인으로 소통하는 것에 대해 염려하는데, 우리는 온라인에 자료를 올려서 공유한 뒤에 바로 뒤돌아서 동료와 만나 소통을 하잖아요. 테크놀로지가 있음으로 해서 아날로그적 소통이 증가했어요. 테크놀로지를 활용해서 사전에 자료를 공유한 뒤에, 교사들이 만나서 소통하니 훨씬 더 효율적인 소통이 가능해졌죠. 효율성으로 얻은 시간에 더 깊이 있는 소통을 할 수 있는 여유가 생겼죠.

이화성 : 다른 학교 교사들에게 조금 팁을 드리자면, 수업에서의 테크놀로지는 조금 천천히 갈 수 있다고 생각해요. 그런데 교사 업무나 문화 부분에서는 테크놀로지를 빨리 도입할수록 더욱 많은 것을 얻을 수 있다고 생각해요. 교사의 업무나 회의에 먼저 도입하는 것

이 좋을 거예요. 그것이 효과가 좋으면 수업에 적용하는 거죠. 수업에는 '적정 테크놀로지'를 적용하는 것이 중요한데, 교사들이 업무나 회의에서 먼저 경험해 보면 적정 테크놀로지를 사용할 수 있을 거라고 생각해요.

이은상 : 수업과 업무에서 적절한 곳에 테크놀로지를 사용하되, 이게 결과적으로 따뜻한 학교 문화를 만들었다는 점이 기억에 남는 것 같습니다. 여러 학교에서 참고할 수 있기를 바랍니다. 이상 대담을 마치겠습니다. 수고 많으셨습니다.

'아직'과 '이미' 사이

독자들은 이 책을 읽으면서 미래학교의 실체를 발견할 수도 있고, 다른 학교와 유사하다고 느낄 수도 있을 것이다. 학교의 모든 활동은 서로 영향을 주고받기 때문에 어느 하나도 의미 없는 것은 없다. 이 책에 담지 못한 수많은 미래학교의 교육활동이 있고, 그 이면에 감춰진 수많은 교직원, 학생, 학부모의 노력이 있다. 이 책을 집필하며 학교 곳곳에 묻어 있는 그들의 흔적을 다시 한 번 더듬게 되었다. 그들의 웃음과 눈물을 떠올려 본다. 이 책은 미래학교를 만들어 온 학교 안팎의 여러 구성원이 함께 쓴 것이나 다름없다. 독자 여러분은 책 곳곳에 숨어 있는 미래학교 사람들의 이야기들을 찾고, 상상해 보기를 권한다.

분명 창덕여중의 현재 모습이 '아직' 우리가 꿈꾸는 미래학교의 전부는 아니다. 미래학교 실현에는 '아직'도 학교 안팎에서 해결해야 할 과제가 많다. 그러나 창덕여중은 현재의 제도, 인력, 기술 등의 범위 안에서 미래학교의 모습을 '이미' 만들어 가고 있다. '이미' 나타난 크고 작은 성과도 있고, '아직' 못다 한 과제도 있다. 우리의 미래학교 여정은 '아직'과 '이미' 사이에서 작은 발걸음을 내딛는 일이며, 그 발걸음은 오늘도 계속되고 있다.

2020년 4월 벚꽃 피는 교정을 바라보며
창덕여중 공동체